VIDAS
VALIENTES

VIDAS VALIENTES

EL DESAFÍO DE DEFENDER LO QUE CREES

MICHAEL CATT

PRODUCTOR EJECUTIVO DE COURAGEOUS [*VALIENTES*] Y FIREPROOF [*A PRUEBA DE FUEGO*]

NASHVILLE, TENNESSEE

Publicado por B&H Publishing Group
Nashville, Tennessee 37234

ISBN: 978-1-4336-7385-6

Clasificación Decimal Dewey: 248.642
Subdivisión: Valentía \ Hombres \ Liderazgo \ Vida de familia

Traducción al español: Gabriela De Francesco de Colacilli

Diseño interior: Grupo Nivel Uno Inc.

Impreso en Estados Unidos de América.

1 2 3 4 5 6 7 ◆ 15 14 13 12 11

Dedicado a
Daniel Simmons
Pastor, Iglesia Bautista Mt. Zion, Albany, Georgia

Uno de los líderes más valientes que he conocido, amigo,
orador en las conferencias ReFRESH ®, compañero de pastorado
y de la obra que procura la reconciliación racial en Albany, Georgia.

ÍNDICE

Reconocimientos

E ste es mi cuarto libro en menos de tres años. No he tenido tiempo de experimentar el temor frente a la página en blanco. Si no fuera por las personas que me ayudaron, no podría haber realizado una tarea de esta magnitud. Como ya he dicho en otras oportunidades, nadie escribe un libro a solas. Un libro es el resultado de las personas, las lecturas y los lugares que influyeron en tu forma de pensar. Es producto de la investigación y del tiempo a solas con Dios. Y por último, surge de la pasión de llegar a otras personas fuera de tu esfera normal de influencia.

Cuando me pidieron que escribiera *Vidas valientes*, supe que necesitaría asistencia. Quiero agradecerles a algunas personas importantes que me ayudaron en este proceso. Jim McBride y Bill Reeves, mis agentes literarios, se encargan del aspecto comercial para que yo me dedique a escribir. Gracias por creer en mí. Thomas Walters fue el primero que me contrató para escribir para B&H. Su guía y cordialidad en este proyecto fueron de gran ayuda. Me desafió a mejorar el primer borrador que le envié. Espero no haberlo defraudado. A todo el equipo de B&H y LifeWay: gracias por creer en lo que Dios está haciendo en Sherwood.

A mi esposa Terri, quien siempre me da el tiempo que necesito para trabajar en estos proyectos. Con paciencia, mantuvo caliente mi cena mientras yo terminaba algunos párrafos en más de un capítulo. Ella lee los manuscritos y anota sugerencias. Ora por mí mientras intento darle forma al texto. Es mi mejor amiga.

A Debbie Toole, mi asistente administrativa, quien ha trabajado conmigo durante veinte años. Es la guardiana de mi oficina. Si no fuera por ella, no tendría tiempo para sentarme a escribir. Doy gracias porque comprende lo que intento hacer.

A Stephanie Bennett, mi asistente de investigación, y a mi hija Hayley, quienes me ayudaron a cumplir con mis plazos. Stephanie realizó la edición inicial y la investigación, refinó y perfeccionó el material. Pasa innumerables horas ayudándome a obtener lo que necesito. A último momento, Hayley tomó la antorcha cuando Stephanie estuvo con licencia por maternidad, y me ayudó a sacar algo del material «sermoneador», para apuntar a una audiencia más joven. Si orienté otros libros a una audiencia de mi generación o anterior, en este, necesitaba desafiar a la próxima. La opinión de Hayley al leer el material con una mirada fresca fue invalorable.

Debo agradecer a Alex y a Stephen Kendrick. Además de formar parte de nuestro equipo, son hombres leales y ejemplos de integridad y pasión por su llamado. Doy gracias por el guion y la trama poderosos para la película *Valientes*. Mi oración es que Dios use esta película para inspirar y desafiar aún más a los hombres. Este libro está inspirado en la película, y doy gracias porque pude compartir mi travesía con estos hombres.

Gracias a los miembros de Sherwood que me han apoyado, orado por mí y me han alentado de tantas maneras. A los líderes laicos de Sherwood, siempre estaré en deuda con ellos por su disposición a seguirme. En especial, doy gracias por «la selección mundial»: un grupo de hombres que me aconseja y me ayuda a ampliar mi visión. Por último, pero no por eso menos importante, doy gracias por el equipo increíble que Dios nos dio en Sherwood. No podría pedir mejores hombres, padres, modelos de vida y compañeros de misión. En todos mis años de ministerio, son los mejores hombres que he visto.

Antes de terminar, gracias a todos los que apoyaron el ministerio de Sherwood y de Sherwood Pictures a través de los años. Sus oraciones y su apoyo son de gran bendición para nosotros. Si Dios ha usado algo de lo que hicimos (un libro, una película o un mensaje), a Él sea la gloria. Separados de Él, nada somos. Anhelamos alcanzar al mundo desde Albany, Georgia, y ver cómo muchos llegan al reino mediante los ministerios que Dios nos encomendó.

Bendiciones.
Michael Catt
www.michaelcatt.com

POR QUÉ NECESITAS ESTE LIBRO Y POR QUÉ TUVE QUE ESCRIBIRLO

U na vez en una batalla, el portador de la bandera iba mucho más adelante que el regimiento, así que el oficial llamó al cuartel general y preguntó: «¿Traemos la bandera de regreso al regimiento?». El comandante dijo: «¡No, que el regimiento alcance a la bandera!».

Hoy necesitamos hombres con corazón de guerreros, que corran para alcanzar la bandera que Cristo lleva delante de nosotros. Hombres que no vuelvan atrás, que den un paso al frente y se hagan responsables de su función masculina. Hace poco, la portada de la revista *Time* (27 de septiembre de 2010) mostró la fotografía de un muchacho y su padre. El título de la historia era «Man Up! The Traditional Male Is an Endangered Species. It's Time to Rethink Masculinity» [¡Actúa como un verdadero hombre! El hombre tradicional es una especie en vías de extinción. Es hora de replantear la masculinidad]. El artículo, escrito por Andrew Romano y Tony Dokoupil, hacía la siguiente pregunta: «¿Qué les sucede a los hombres?»; y respondían: «Durante años, los medios han mostrado un pronóstico calamitoso. Los hombres están "en decadencia". Los muchachos están siendo "estafados". La "guerra contra los chicos" ha comenzado. Y podríamos seguir».[1] Este verano, Hanna Rosin, de la revista *The Atlantic*, llegó a declarar que «el fin de los hombres» era inminente.

Más adelante, en el artículo de *Time,* los autores trataron la pregunta evidente: «Si los hombres se están descarrilando, ¿cómo vuelven a encaminarse?».[2] Aunque no estoy de acuerdo con todas sus conclusiones, creo que hay que tratar este tema. Examina estas afirmaciones:

«Cuando los hombres pierden, las mujeres y los niños también pierden».

«El hogar es un punto de partida natural».

«Los hombres pueden elegir: sentirse fuera de lugar o ser más creativos».

Por desgracia, la imagen que sugiere este artículo parece apuntar más a la feminización de los hombres en lugar de alentar una conducta masculina verdadera. Todos los estudios afirman que hoy en día faltan ejemplos masculinos. Muchos de los problemas de la sociedad se deben a la ausencia de liderazgo masculino en el hogar, la iglesia y la comunidad. Los hombres han abandonado la familia y sus responsabilidades. Según estos estudios, el impacto se traduce en una mayor tasa de delitos, agresiones, pandillas, uso de drogas y alcohol, y arrestos.

Necesitamos que los hombres en la iglesia tomen la iniciativa. He descubierto que en las congregaciones, los padres piadosos son una especie en extinción. Al parecer, la iglesia se ha rendido a estos tiempos. En lugar de recordarles a los hombres cuáles son sus responsabilidades y llamarlos a la acción, tenemos un sinfín de estudios bíblicos para mujeres, y deportes para los hombres. ¿Adónde están los varones que decidieron participar en la vida espiritual de sus hijos y criar a la próxima generación para Cristo?

Necesitamos hombres de verdad. Es hora de llamar a los varones a un nivel mayor de responsabilidad. Es necesaria una generación de hombres que no consideren la vida según su éxito laboral, sino que piensen más en la vida de sus esposas y sus hijos. Es imperioso encontrar hombres que encuentren su trascendencia en la fe, la familia y el trabajo esforzado. Varones que, sin importar en qué etapa de la vida se encuentren, cumplan con la función que Dios les asignó.

Necesitamos hombres fuertes como montañas. En estas páginas, exploro los ejemplos de personajes bíblicos que demostraron una gran valentía aunque les hubiera sido más fácil ir a lo seguro. Ellos nos desafían a seguir adelante. Hacen que examinemos nuestras prioridades y afrontemos cualquier cosa que traiga temor a nuestro corazón.

Una vez, Abraham Lincoln visitó la iglesia presbiteriana de *New York Avenue* para escuchar un sermón de su pastor, el Dr. Gurley.

En medio de la guerra civil en Estados Unidos, Lincoln luchaba con el desaliento. Luego del mensaje, uno de los asistentes de Lincoln le preguntó qué le había parecido. Este respondió: «Creo que estuvo bien pensado, se expresó con poder y mucha elocuencia». Entonces, el asistente supuso que Lincoln lo consideró un excelente sermón. Sin embargo, el presidente señaló: «No, fracasó porque el pastor no nos pidió que hiciéramos nada importante».

Mi oración es que Dios te llame a hacer algo grande para Su nombre y Su gloria. Quizás no aparezcas en los diarios, pero Dios es quien determina la grandeza, no el hombre.

Parte de lo que veo hoy me alienta. Veo jóvenes que sienten repugnancia por la obsesión de sus padres con los bienes materiales. Prefieren ser menos «exitosos» con tal de tener una vida más trascendente. Si formamos un ejército de soldados valientes para Cristo, podremos recapturar esa fe intrépida de los días bíblicos y ganar el mundo para el Señor. No es demasiado tarde.

Le pido a Dios que mi generación no falle. Hay mucho por hacer. Anhelo que el Señor levante gigantes de la fe. Mi esperanza y mi oración es que este libro llegue a las manos de jóvenes, pastores, padres y otros que digan: «Por la gracia de Dios, mi vida dejará huella. Consideraré el costo, pagaré el precio, intercederé en oración y confrontaré la cultura».

Mi oración es que Dios le dé a Su cuerpo una tenacidad que parece faltar en este tiempo. Caleb era ya avanzado en años cuando pidió a Dios: «Dame [...] este monte». Samuel era apenas un muchachito cuando escuchó la voz de Dios. Ruego que el Señor use este libro para llamar a personas de toda generación, de toda tribu y lengua a ser valientes.

¡NECESITAMOS HOMBRES DE VERDAD!
¡NECESITAMOS SER VALIENTES!
¡NECESITAMOS HACERLO YA!

Capítulo 1

La valentía de ponerse en marcha

---

*«Por la fe Abraham, siendo llamado, obedeció para
salir al lugar que había de recibir como herencia; y
salió sin saber a dónde iba». (Hebreos 11:8)*

*«Me siento como un hombre rico».
«Eres un hombre rico. Tienes una fe sólida,
hijos que te aman y una esposa que te adora».*

—Javier y Carmen Martínez, *Valientes*

Toda travesía comienza con un solo paso. Recuerdo cuando miré el primer «aterrizaje» lunar. Fue histórico. Todavía tengo la imagen mental de Neil Armstrong cuando pisó la luna y dijo: «Un pequeño paso para el hombre, un gran salto para la humanidad».

La historia está llena de relatos de aventureros: hombres y mujeres que se atrevieron a soñar, a explorar y a descubrir. En 1953, Edmund Hillary y Tenzing Norgay fueron los primeros en conquistar el monte Everest, más de 25 años después de que los primeros alpinistas intentaran llegar a la cima. También recordamos nombres como Orville y Wilbur Wright, y Amelia Earhart, pioneros en el mundo de la aviación. En la iglesia actual, vemos una nueva generación de jóvenes misionales, dispuestos a dejar de lado las comodidades del hogar y entregar sus vidas en una tierra extranjera. Creo que somos testigos de una nueva generación de seguidores de Cristo que se arriesgan por el evangelio. Necesitamos más.

Por desgracia, demasiadas personas viven lo opuesto a una vida audaz. Parecen conformarse con la rutina cotidiana. Creen que una vida audaz de fe es para otras personas. Estamos en una sociedad disfuncional, que necesita más que nunca héroes que no limiten lo que Dios puede hacer. No podemos creer la mentira del siglo XXI de que los mejores días quedaron atrás. Te desafío a soñar en grande. Como D. L. Moody solía decir: «Si Dios es tu socio, planea en grande».

«Seguridad ante todo» no es el lema del aventurero. Quizás funcione en una fábrica, pero no sirve para el ámbito de la fe. Nunca fue el lema de los valientes. C. S. Lewis dijo: «El camino más seguro hacia el infierno es el gradual».[1] Los valientes abren una senda donde no hay ninguna. En lugar de acobardarse frente a las presiones culturales, los cristianos deben transformarse en una fuerza de presión positiva. Tenemos que romper los esquemas y salir de las «cajas» de la inercia cultural. Las cajas son para los zapatos, no para los santos.

Es hora de ponernos el calzado de la fe y realizar un viaje increíble con Dios. Henry Ford, fundador de la empresa automotora Ford, dijo: «Busco muchos hombres con la capacidad infinita de ignorar lo que no se puede hacer». Dios busca hombres y mujeres que crean que con Cristo, nada es imposible.

Hemos sido adormecidos para conformarnos con la mediocridad, mientras parezca aceptable. Sin embargo, creo que en el corazón de toda persona, hay un deseo ardiente de cambiar las cosas, de dejar huella. Por desgracia, como hace tanto tiempo que somos mediocres, la gente que sobresale suele parecernos excéntrica.

Algunas de las personas más valientes de la historia podrían haber terminado en el olvido de la mediocridad. Abraham Lincoln fue un fracaso la mayor parte de su vida, hasta que lo nombraron presidente. Stonewall Jackson era un maestro frustrado en el Instituto Militar de Virginia; sin embargo, descolló en la crisis de la batalla. D. L. Moody, un inculto vendedor de zapatos, resultó ser uno de los evangelistas más famosos del siglo XIX. Además, estableció ministerios e instituciones que siguen llenos de vigor en el siglo XXI. El ejército demanda: «Sé todo lo que puedas ser». Es hora de que los hombres y las mujeres cumplan su propósito en Dios. No te conformes con menos, ¡remonta vuelo!

Mi hija Hayley recuerda que en los campamentos de jóvenes escuchó cómo los oradores les decían a los campistas que debían entregarle su vida a Cristo sin temor ni duda. Afirmaban: «Probablemente, Dios no te pida que vayas a vivir a una choza de barro en África, así que no tengas miedo de Su voluntad». Hayley me dijo: «Siempre tuve terror de que Dios me enviara a África. Me pregunto por qué me enseñaron a temer algo así. Ahora, iría sin pensarlo». En 2010, trabajó durante dos semanas en un orfanato y en un proyecto de agua potable en Uganda. Terminó diciendo: «Necesito a África más de lo que África me necesita».

Un viejo adagio afirma: «El que no arriesga, no gana». Si no hay riesgo, no hay visión, no hay legado. Mi oración es que Dios levante una generación que se arriesgue a salir y a descubrir que vale la pena escalar para llegar a la cima y ver la vista desde allí. Dios anhela encontrar hombres y mujeres a quienes confiarles una gran oportunidad.

Los héroes de la Biblia no fueron cortados con el mismo molde. Cada uno fue único y sumamente distinto. El mundo está lleno de copias. Por temor a la opinión de los demás, quedamos atrapados en el conformismo. Necesitamos valientes intrépidos. Al leer las Escrituras, veo páginas llenas de personas que no se conformaron. No dejaron que la cultura de la época los definiera. Se negaron a dejarse encasillar por la religión, aunque fuera aceptable para la mayoría. ¿Qué hizo que no se conformaran? La fe. No tuvieron temor de abandonar un país, de caminar sobre el agua, de confrontar a profetas falsos, de reprender a los reyes ni de orar por milagros.

Warren Wiersbe observó: «Creer en Dios significa decidirse y enfrentar un desafío imposible, sin temor a lo que pueda pasar por obedecer la voluntad de Dios».[2] Es la actitud de los valientes. Mira los abundantes ejemplos del Antiguo Testamento. Por la fe, Abel ofreció el sacrificio aceptable. Por la fe, Enoc caminó con Dios. Por la fe, Noé construyó un arca. Por la fe, Abraham abandonó su hogar y viajó hacia una tierra desconocida. Se desarraigó y dejó atrás todo lo que era familiar para obedecer a la voz de Dios.

Observemos a este patriarca. Al principio de Génesis, Dios trató con la humanidad en general. Cuando llegamos a Abraham, el enfoque se centra en un hombre como modelo. Nuestras decisiones determinan el camino que tomamos. Tienen consecuencias y revelan nuestro verdadero carácter. No me refiero a una actitud positiva, sino a la fe bíblica. Los demás deben identificarnos como seguidores de Cristo, no por nuestra ropa, nuestro vehículo o nuestra casa. La vida no debería girar alrededor de lo material sino del Salvador.

Soy pastor de una iglesia multigeneracional. Me vigoriza ver a hombres jóvenes de entre 20 y 40 años dar grandes pasos en la fe. No se conforman con ser buenos miembros de la iglesia. Quieren que sus vidas dejen huella. Un joven me dijo: «Ver la pasión que usted pone en lo que hace alienta a mi generación. Quiero que sepa que compartimos lo que hay en su corazón». Abraham estaba acostumbrado a una vida lujosa, pero estuvo dispuesto a vivir como nómada. Para la mayoría, es difícil pasar de una vida cómoda a una tienda.

Katie Davis es una jovencita increíble que ahora vive en Uganda. Tiene poco más de 20 años y ha adoptado muchos niños. Dejó la comodidad del hogar a los 18 años, con convicción en la Palabra de Dios y en el llamado para su vida. Cree que Cristo tiene poder para proteger, proveer y sustentar. El Señor la llamó a África. Llamó a Abraham a una tierra desconocida. ¿Adónde te llama a ti?

Todos tenemos una alternativa: podemos ser mediocres o excepcionales. Jugar a la iglesia o ser radicales para Cristo. Apoyar nuestra vida en las pautas que el mundo dicta para el éxito o ahondar en la Biblia y pedirle a Dios que nos muestre adónde quiere que vivamos y quién quiere que seamos.

El llamado más grande de Abraham fue dejar la tierra donde se ignoraba al Señor para seguir al único Dios verdadero. Hacer la voluntad de Dios supone pasos de separación. No es para los cobardes ni los temerosos. Necesitamos valentía. La vida valiente ve lo que otros no ven y cree lo que otros no creen. La valentía es un patrón y un rumbo que nos mantendrá encaminados cuando los demás caigan y fracasen.

«Jehová había dicho a Abram: Vete de tu tierra y de tu parentela, y de la casa de tu padre, a la tierra que te mostraré» (Gén. 12:1). Abram tenía todo lo necesario para vivir, pero el plan de Dios para él no era dejarse ir por inercia hasta la línea de llegada. Tenía algo más.

La carta a los Hebreos resume la valentía de Abraham: «Por la fe Abraham, siendo llamado, obedeció para salir al lugar que había de recibir como herencia; y salió sin saber a dónde iba» (11:8). Si Abraham no hubiera obedecido, estaría enterrado en alguna tumba desconocida del actual Irak. Nadie lo recordaría y a nadie le importaría quién fue.

No tenía mapa ni GPS. No pudo imprimir una guía en Internet. Dios le dijo que se fuera y avanzara, y Abraham obedeció sin saber adónde iba. El llamado divino no es una vacación, es nuestra vocación. Es hora de ponernos en marcha. Ya no podemos quedarnos a un costado. Tenemos que escuchar a Dios y seguirlo sin dudar.

Abandonar su hogar en Ur fue un punto de ruptura en la vida de Abraham. Estos puntos son momentos decisivos y cruciales, cuando se nos da la oportunidad de creer en Dios para lograr algo maravilloso. La obediencia de Abraham lo transformó en uno de los hombres más valientes de la historia, ya que pocos han abierto un camino semejante al de él.

A Abraham se lo considera el padre de la fe. La fe obedece, camina y edifica. Dios llamó a Abraham y él obedeció. No pidió detalles, no buscó beneficios ni negocio. Sencillamente, se levantó y se puso en marcha.

Nuestras decisiones tienen consecuencias importantes para el futuro. A lo largo de la vida, nos enfrentamos a preguntas como las siguientes:

- ¿A qué universidad iré?

- ¿Qué clase de carrera me dará un propósito en la vida?

- ¿Me casaré? ¿Tendré hijos?

- ¿A qué clase de iglesia asistiré?

- ¿Obedeceré a Dios o me conformaré con una vida de mediocridad?

Mi esposa y yo crecimos en el sur de Estados Unidos. Al terminar la universidad, intentamos decidirnos por un seminario. Me habían ofrecido una beca completa para una escuela cercana a nuestro hogar, pero no nos sentíamos seguros de la decisión. En cambio, Terri y yo terminamos yendo a una escuela en el norte, lejos de nuestro hogar. Nadie entendía por qué íbamos tan lejos. Lo único que sabíamos era que teníamos que seguir a Dios. Con escaso dinero, un vehículo poco confiable, sin ropa de invierno, sin trabajo ni becas, nos dirigimos al seminario. *Nunca, ni siquiera durante un momento,* nos arrepentimos de esa decisión.

Ahora puedo mirar atrás y decir que toda relación significativa e influencia espiritual en mi vida vino gracias a esa decisión. Dios puso personas en nuestro camino que nos moldearon y nos marcaron. No me dejaron conformarme con ser un típico pastor. Ampliaron mi visión, oraron por mí y me ayudaron. Hoy soy lo que soy gracias a su influencia.

Estados Unidos es una sociedad móvil. Las personas están constantemente cambiando de ciudad o de estado, muchas en busca del esquivo sueño americano. Algunos se mudan para progresar en su profesión; otros, para escapar de los problemas. Hay gente que quiere comenzar de nuevo. ¿Alguna vez consideraste una mudanza por la fe?

La iglesia que pastoreo está ayudando a plantar una congregación en San Francisco. El pastor principal, Ben Pilgreen, ha comunicado su visión y otros se han sentido impulsados a unirse a él. Hace casi cuatro décadas que no había una iglesia bautista del sur que prosperara en San Francisco. Sin embargo, gracias a un llamado y una visión, hay familias que venden sus casas, buscan trabajo allí y se mudan lejos de todo lo que conocen. Dejan atrás agradables y lujosos hogares con amplios jardines, por departamentos pequeños en una ciudad llena de gente. ¿Por qué? Por el llamado de Dios para sus vidas.

Hace falta valentía para que un hombre lleve a su familia a aventurarse en fe. ¿Eres esa clase de persona? La fe bíblica es valiente. Cualquiera puede creer en Dios cuando tiene toda la información, pero la fe valiente obedece sin importar cuál sea la situación.

Cuando comenzamos a rodar la película *A prueba de fuego*, nuestra hija mayor Erin se presentó para un papel secundario. Trabajaba a tiempo completo en Disney y sabía que solo podría tomarse unos días para representar un papel pequeño. Cuando el proceso siguió adelante, el equipo de selección de reparto comenzó a considerar a Erin para el papel de Catherine, junto a Kirk Cameron. Erin no esperaba semejante rol. Aceptarlo significaría renunciar a su trabajo, su ingreso y su seguro. Erin dio ese paso de fe y renunció a su empleo, convencida de que Dios proveería.

Durante la filmación, Erin se mudó con nosotros. Una semana antes de filmar la escena final, Disney llamó y le ofreció su trabajo soñado y un contrato. Dios bendijo su obediencia. No apostó a lo seguro, y el Señor proveyó más allá de sus expectativas. Como dice un amigo mío: «¡Salta! ¡La red va a aparecer!».

No conozco el nombre de los que se quedaron en la seguridad de Ur. Sí conozco el de Abraham. Un hombre dio origen a una nación, sería de bendición al mundo y a través de su linaje llegaría la redención en Cristo.

¿Qué podría hacer Dios contigo? Muchas personas se pasan la vida en el valle de las buenas intenciones. Comienzan, pero nunca terminan. La valentía exige una decisión. Supone separarse del montón. Demanda dejar de lado lo secundario, nuestra obsesión con los aparatos, los videojuegos, lo efectista, lo ficticio, y los estilos. Los valientes viajan ligeros de equipaje.

Tenemos que estar en el mundo pero no pertenecemos aquí. Los héroes de Hebreos 11 estaban en el polo opuesto de los supuestos héroes de hoy. En un mundo de celebridades y de los quince minutos de fama, necesitamos héroes. En una cultura impulsada por la búsqueda del estrellato, precisamos hombres y mujeres que quieran servir. En esta década de programas como *American Idol*, necesitamos una generación que no adore a los dioses de este mundo sino que sirva al único Dios verdadero.

La oración es lo que sostiene la valentía. No vemos ningún altar a Dios en Harán ni en Egipto, lugares de desvíos y demoras en el viaje de Abraham. ¿Acaso no nos sucede lo mismo? Cuando desviamos o demoramos nuestra obediencia, olvidamos a Dios y las promesas que hicimos, y comenzamos a mirar las circunstancias.

Abraham no era perfecto, y cometió errores en el camino. Tenía su bagaje que lo retrasaba. El diablo no tiene por qué tentarnos con algo malo si puede demorarnos o desviarnos por una «buena» razón. Para vivir en valentía, no tenemos que estar atados a nada (ver Lucas 14:26-33). He conocido muchísimas personas que se han demorado o detenido en el camino de la obediencia. El valiente enfrenta sin rodeos las pruebas de la vida.

Piensa en las personas con quienes creciste o en tus compañeros de escuela. ¿Cuántos tocaron fondo por no haberse separado de la multitud y la opinión pública? En su lápida podrá leerse: «Lo que podría haber sido». No dejes que ese sea tu legado.

El egoísmo es horrible en el mundo, pero es aún peor en la vida de un cristiano. Si vives en valentía, quizás pierdas algunos amigos, o tus familiares no te comprendan. La multitud se reduce cuanto más alto escalas. Al igual que Abraham, debes decidir seguir adelante.

En algunos aspectos, la vida del patriarca se parece a un gráfico sobre el costo de vida. A pesar de la fluctuación y los altibajos, la línea siempre va hacia arriba. La clave es la siguiente: cuando lleguen las pruebas, ¿obedeceremos? La pregunta para examinarnos es: ¿te diriges en la dirección correcta o estás tomando desvíos innecesarios? Desarrolla lo que Dios está haciendo en ti.

Los valientes están dispuestos a dejar Ur (su vieja vida) y todos sus atractivos. Conocen el peligro del amor al dinero y no se dejan absorber por el orgullo de la vida. Los altares que construyó Abraham fueron muestras de su fe. Vivía en una tienda, pero a lo largo de su travesía construyó altares. Un altar es un lugar de adoración, de compromiso y renovación. Allí establecemos una relación con Dios o renovamos nuestro compromiso con Él.

Hoy, las personas quieren hacerse conocer. Dios le prometió a Abraham que su nombre sería grande. Se lo recuerda en el «Salón de fama» de la fe (Heb. 11). Abraham fue grande porque su objetivo supremo fue engrandecer el nombre del Señor. Fue un hombre valiente y amigo de Dios.

James Montgomery Boice escribe: «El epíteto "amigo" exalta a Abraham, pero también baja al patriarca a nuestro nivel. La mayoría de nosotros sabe que nunca seremos legisladores como Moisés. No es probable que nos transformemos en generales como Josué ni en reyes como David. No seremos profetas, excepto en el sentido de que somos llamados a ser testigos para Cristo».[3]

Quizás nunca sea famoso, pero puedo escuchar a Dios, creerle y ser íntimos amigos. Puedo ser una persona de convicciones y propósito. Puedo dejar huella y tener influencia. Pero necesito ser valiente.

¿Cuál es tu motivación? ¿Qué cosas te entusiasman? ¿Cuál es tu propósito? En 2010, LifeWay auspició varias conferencias de *Fireproof My Marriage* [A prueba de fuego: Protege tu matrimonio]. Vimos cómo muchas parejas jóvenes renovaban el compromiso en sus matrimonios. Encontré una nota sumamente reveladora de uno de los asistentes. El hombre escribió que él y su esposa llevaban vidas separadas. Entonces, me fijé en su dirección de correo electrónico y detecté el problema. La dirección incluía las palabras *apuestas* y *golf.* Qué revelador. En lugar de amar a su esposa como Cristo ama a la iglesia, sus primeros amores eran los juegos de azar y el golf.

En Génesis 15, Abraham se encontró con Dios de una manera nueva y diferente. El Señor no le mostró todo. Nuestra responsabilidad es dar el primer paso de fe y dejarle los resultados a Dios (ver Gén. 15:1-8). La valentía no supone la ausencia del temor, sino responder a pesar del miedo. Es la primera vez que vemos las palabras «no temas» (v. 1) en la Biblia. El temor es el enemigo de la fe. La valentía te colocará en una batalla de la cual el temor huiría, pero Dios es «tu escudo» (v. 1). Es una promesa superior a un ejército de 10.000 soldados de tu lado.

Según la medida de este mundo, Abraham no hizo nada increíble. El ejército más grande que encabezó tenía solo 318 hombres. Nunca construyó fortalezas ni palacios, pero su legado llena los últimos 38 capítulos del Génesis.

Tú tienes la capacidad innata para algo increíble, algo tan grande que glorifique a Dios en tu vida. Para lograrlo, debes caminar por fe cada día. La fe valiente es santa y práctica. No le presta atención a ninguna voz que te llame a retroceder. Demasiadas personas se conforman con una vida común y corriente y la mediocridad.

Años atrás, fui junto a Jim McBride, nuestro pastor ejecutivo, a Green Bay a visitar a Kabeer Gbaja-Biamila, que jugaba en la defensa lateral para el equipo de fútbol americano los Packers. Había comprado copias de la película *Facing the Giants* [Venciendo a los gigantes] para el equipo y los directivos, y nos invitó a visitarlos mientras entrenaban. ¡No tuve que orar para decidir viajar allí! A la noche, Kabeer nos invitó a su casa. Conocimos a su familia y antes de irnos nos dijo: «Tienen que conocer a mi perro». Al mudarse a Green Bay, era soltero y mientras estudiaba el libro de jugadas de los Packers, le enseñó a su perro varias jugadas de ofensiva. El animal aprendió a responder al llamado de Kabeer y colocarse en una posición ofensiva profunda o en la primera línea. Sabía si tenía que pasar la pelota, avanzar en diagonal y qué movidas hacer. Era impresionante. Cuando nos íbamos pensé: *Si un perro puede entender un complicado libro de jugadas de la NFL, ¿qué nos sucede a nosotros? ¿Por qué no podemos escuchar el llamado y dejar todo atrás? ¿Por qué queremos quedarnos en la cama cuando una voz nos llama a correr hasta el final?*

A lo largo de la Escritura, se nos recuerda que Abraham «creyó a Jehová, y le fue contado por justicia» (ver Gén. 15:6; Rom. 4:3, 22; Gál. 3:6; Sant. 2:23). Pablo dedicó buena parte de Romanos a la historia de Abraham, y el patriarca tiene un lugar significativo en Hebreos 11. ¿Vale la pena escribir sobre tu vida?

En Génesis 17, leemos: «Anda delante de mí y sé perfecto» (v. 1). El llamado de Dios a una vida valiente no es una carrera de cien metros; es un maratón. Caminar con Dios requiere sacrificio, compromiso y obediencia. Tenemos que recordar las palabras de Jesús cuando llamó a Sus seguidores a *dejar* todo atrás y seguirlo (ver Lucas 9:57-62).

¿Adónde te diriges? Génesis 25 habla del legado de Abraham: «Y exhaló el espíritu, y murió Abraham en buena vejez, anciano y lleno de años, y fue unido a su pueblo» (v. 8). Cumplió su propósito y estaba preparado para morir. No le quedó nada por hacer. Había acabado la carrera y guardado la fe (2 Tim. 4:7-8). La mayoría de nosotros nunca será grandioso según los parámetros de este mundo, pero quizás nos recuerden como a Abraham, un hombre que escuchó la voz de Dios y lo siguió, un amigo de Dios (ver Sant. 2:23).

Como pastor, he visto demasiada gente cínica, amargada y mordaz. Nada en sus vidas parece darles felicidad, así que refunfuñan y se quejan. Me pregunto cómo habrían sido sus vidas si hubieran apostado al plan de Dios en lugar de jugarse al sueño americano (que para algunos se transformó en la pesadilla americana). No llegues al final de tu vida preguntándote: «¿Qué hubiera pasado si...?». Hay una gran diferencia entre pararse junto a una tumba y decir «¡Qué vida!» y pararse y decir «Qué desperdicio».

¿Cómo te recordarán?

Capítulo 2

LA VALENTÍA DE ESCOGER Y RECHAZAR

«Por la fe Moisés, hecho ya grande, rehusó llamarse hijo de la hija de Faraón, escogiendo antes ser maltratado con el pueblo de Dios, que gozar de los deleites temporales del pecado, teniendo por mayores riquezas el vituperio de Cristo que los tesoros de los egipcios; porque tenía puesta la mirada en el galardón». (Hebreos 11:24-26)

«No quiero ser un padre mediocre. Tenemos unos pocos años para influenciar a nuestros hijos y, probablemente, los patrones de vida que les enseñemos servirán para sus hijos y para la generación siguiente».

—Adam Mitchell, *Valientes*

John Mason escribe: «El mundo hace lugar para las personas de propósito. Sus palabras y sus acciones demuestran que saben hacia dónde se dirigen… En tu corazón, duerme un león llamado propósito. Ten una misión, un claro sentido de dirección y propósito para tu vida… Las convicciones sólidas anteceden a las proezas».[1]

Me encantan las biografías. Me ayudan a comprender lo que motivó a esa persona. La Palabra de Dios está llena de biografías excelentes. No eran personas perfectas, pero sacudieron al mundo. Tomaron decisiones difíciles. Puedes pasarte la vida en la senda amplia o en el camino derecho y angosto. En ambos casos, hay consecuencias. Los padres de un muchachito escogieron el camino angosto, que los terminó llevando a la salvación de los israelitas.

No se puede hablar de Moisés sin mencionar a sus padres. En una época en la que ser hebreo era peligroso (y ser un bebé hebreo varón era una sentencia de muerte), superaron la presión y lo que dictaban las autoridades. No quisieron ceder. Los padres de Moisés conocían a Dios y creían que tenía un gran propósito para su hijo.

Los padres temerosos rara vez crían hijos valientes. Los padres de Moisés eran de la tribu de Leví, que en ese momento era insignificante. Ni siquiera se los nombra al principio de la historia; sin embargo, su legado vive hasta hoy. El nacimiento de Moisés cambió su nación y su cultura.

El nombre del padre de Moisés, Amram, significa «pueblo exaltado». El nombre de su madre, Jocabed, significa «la honra es de Dios». Dios recibió honra y una nación de esclavos fue exaltada sobre el poderoso Egipto porque una pareja no estuvo dispuesta a ceder a las presiones que la rodeaban. El nacimiento de Moisés marcó el final de 400 años de esclavitud. Dios escuchó y respondió. Del cautiverio surgió un gran líder, y del anonimato, un gran hombre.

Los padres de Moisés vivieron por fe incluso en una situación difícil, por no decir insoportable. La Biblia nos recuerda claramente que las condiciones favorables no aumentan la fe. Uno de los testimonios tristes de nuestra época es la cantidad de mujeres inducidas a abortar porque las condiciones no eran «favorables». Piensa en lo que sucedería si el aborto todavía fuera ilegal en Estados Unidos. ¿Habremos perdido el próximo gran líder de esta generación por haber escuchado y aceptado un consejo impío? ¿Acaso el temor nos habrá robado más de lo que estimamos? Nunca lo sabremos.

El asesinato de bebés estaba a la orden del día en Egipto, porque el crecimiento demográfico era una amenaza para el Faraón. Hay similitudes entre esta orden del Faraón y la del rey Herodes años más tarde, de matar a todos los bebés para librar al país del supuesto Mesías. A menudo, los dictadores buscan eliminar a los inocentes.

Sin embargo, Amram y Jocabed percibieron que su hijo era especial y único. Es importante que los padres les proporcionen valentía a sus hijos y los hagan sentirse bendecidos. Lo que alientas y apoyas es importante. Si temes al Faraón o a las consecuencias de tomar partido por tu fe, lo más probable es que tus hijos se den cuenta. Si la Palabra de Dios, la iglesia y la justicia no son tus prioridades, entonces es probable que tampoco sean importantes para tus hijos.

Jocabed arropó a Moisés en una canasta y lo colocó en el río, convencida de que Dios lo protegería. La hija del Faraón salvó al futuro libertador de Israel. Jocabed le había dicho a María, la hermana de Moisés, que se quedara en la ribera del río a observar. Sin duda, una madre no habría puesto a su hija a que mirara cómo asesinaban a su hermano menor. No, creía que Dios proveería para su bebé. María estaba en el lugar indicado para ver al Señor obrar.

Los padres de Moisés tomaron una decisión, y mediante su obediencia, Dios trajo un libertador a la tierra. Temieron a Dios más que al Faraón, y «no temieron el decreto del rey» (Heb. 11:23). Gracias a que sus padres no temieron al Faraón, un día Moisés se enfrentaría sin temor al sucesor del rey.

Me apena ver cómo algunos padres critican sin piedad a sus hijos. Hace algún tiempo, Terri y yo estábamos en un estacionamiento y escuchamos cómo una madre les gritaba a sus hijos. Amenazó con dejarlos en el sofocante vehículo o simplemente allí en el estacionamiento si no la obedecían.

También me entristece ver a padres cristianos que se desentienden y esperan que la iglesia se encargue de la enseñanza espiritual. La iglesia no puede resucitar lo que se mata en el hogar. Hoy, los padres han transmitido sus responsabilidades a la escuela, la iglesia y las organizaciones cívicas, pero nadie puede tomar tu lugar como progenitor.

Tus hijos se encuentran en una batalla. Si no peleas por ellos, ¿quién lo hará? Necesitan padres con tenacidad, amor inquebrantable y límites. El diablo «como león rugiente, anda alrededor buscando a quien devorar» (1 Ped. 5:8), y quiere devorar y destruir la próxima generación. Admiro a los padres de Moisés porque fueron ejemplo del temor de Dios en lugar del temor a los hombres.

No elijas la fama y el éxito para tus hijos en lugar de la fidelidad. Vance Havner dijo: «A esta generación adulta le falta la estructura, las agallas y la valentía para tomar la postura impopular de enfrentarse al Faraón».[2]

Como padre, ¿comprendes tu función y tu responsabilidad? Tendrás que dar cuenta por las vidas que tienes a tu cargo. Cría de acuerdo a la Biblia. ¿Buscas guía en la Escritura? No dejes que la cultura se lleve a tus hijos por la alcantarilla.

Piénsalo así: puedes ser un águila, una gallina o un avestruz; y estarás criando águilas, gallinas o avestruces. Las águilas les enseñan a sus pichones a volar. Los molestan y los empujan fuera del nido. Su expectativa para ellos es que vuelen alto. Se dedican a sus pequeños para que se eleven majestuosamente por encima de la multitud.

Las gallinas, por otro lado, les enseñan a su polluelos a comer prácticamente cualquier cosa. Les muestran cómo rasguñar, sentarse y cacarear. No tienen la capacidad de defender el gallinero contra los depredadores, y nunca dicen: «Puedes destacarte».

El avestruz esconde la cabeza en la arena y levanta la cola por el aire. Si intentas ignorar los problemas y fingir que desaparecerán, te morderán por detrás. No seas un padre avestruz que nunca supervisa a sus hijos. Los padres avestruz no suponen nada y se sorprenden cuando sucede algo. A menudo, dejan que sus hijos comiencen un noviazgo demasiado temprano, se vistan sin decoro, anden con malas compañías o salgan sin supervisión; en definitiva, rehúsan establecer límites.

Me encanta la trama de la película *Valientes*, que sigue la historia de uno de los padres, Nathan, y su hija adolescente, Jade. Nathan les deja en claro a ella y a su pretendiente que hay reglas en su familia para el noviazgo. Este padre tomó la iniciativa, y necesitamos más como él.

Una vez, un padre entró a la oficina de nuestro pastor de jóvenes, preocupado porque su hijo miraba pornografía en Internet. El pastor le preguntó adónde estaba la computadora, y el hombre respondió: «En su habitación». El líder de jóvenes sugirió que quitara la computadora del cuarto de su hijo y la colocara en algún lugar más visible, como la sala de estar. El padre respondió: «Eso sería invadir su privacidad». Despierten, madres y padres. ¡Son responsables de lo que sucede bajo su techo!

Volvamos al águila. Agita y alborota el nido. No deja que los polluelos hagan lo que quieren. Me preocupa esta generación de padres que parecen no tener idea de lo que hacen. Han quitado las manos del volante, y la familia se dirige hacia un acantilado. Compran vehículos familiares de lujo con reproductores de DVD, para que los hijos puedan ver películas cuando van y vuelven de la iglesia. Prefieren entretener a los hijos en lugar de educarlos y exhortarlos.

La falta de valentía en la crianza de nuestros hijos traerá aparejada una generación esclava del mundo, la carne y el diablo. Los jóvenes de hoy no piensan por sí solos. Se esconden detrás de mensajes de texto, correos electrónicos, Twitter y Facebook porque no saben cómo entablar una conversación cara a cara. Si no les gusta lo que dices, te bloquean. Algo tiene que cambiar. Si quieres criar un Moisés, no puedes tratar a tus hijos como gallinas o avestruces. La falta de padres valientes producirá una generación de ineptos sin modales, ideales, objetivos ni sueños.

Como el águila, tienes que demostrar y ejemplificar la conducta que esperas. El águila conoce el camino y lo muestra. Además, entrena al joven aguilucho. No permite que solo holgazanee y coma. Lo empuja más allá de la seguridad del nido. Quiero conocer a los padres de Moisés en el cielo. Criaron un águila valiente. Es cierto, tuvo miedo y huyó, y luego pasó 40 años en el desierto cuidando ovejas. Pero al final, Moisés fue un digno instrumento en manos de Dios (Heb. 11:24-27).

Como sus padres se dedicaron a él y Dios lo dirigió, Moisés superó cuatro cuestiones que paralizan a la mayoría: ¿Quién soy (Heb. 11:24)? ¿Qué decisiones debo tomar (v. 25)? ¿Qué es lo más importante (v. 26)? ¿Cuál es mi propósito (v. 27)? Gracias al ejemplo de sus progenitores, Moisés estuvo dispuesto a tomar decisiones difíciles. Los cínicos de su época deben haber dicho: «Qué desperdicio. Echó por la borda toda su educación, el poder político y la influencia, y se fue a vivir en el desierto. Podría haber causado un impacto mucho mayor si se hubiera quedado donde estaba». Sin embargo, Dios no quería que se limitara a ser un político egipcio.

Cuando leo las decisiones que tomó Moisés y considero las opciones que tenía, pienso en el hombre de Dios que se describe en el Salmo 1:1-3.

Habiendo crecido en una familia adinerada, William Borden tomó decisiones importantes por las que lo recordamos hasta hoy. En algún momento, todo joven debe decidir si vivirá para sí mismo o para Dios. Hay una sola respuesta correcta.

William Borden se enfrentó a una decisión difícil luego de graduarse del liceo en Chicago, en 1904. Como heredero de la fortuna familiar, recibió un viaje alrededor del mundo como regalo de graduación. Durante sus viajes, sintió un peso en su corazón por los afligidos en el mundo, y decidió ser misionero. Mientras sus amigos se burlaban de la idea, Borden escribió en su Biblia: «Sin reservas». Borden fue a la Universidad de Yale y pronto se destacó entre la multitud, pero no por su riqueza. Un compañero observó: «Entró a la universidad con una amplia ventaja espiritual sobre nosotros. Ya le había rendido por completo el corazón a Cristo. Sus compañeros aprendimos a apoyarnos en él y a encontrar una fortaleza sólida como una roca, que surgía de su firme propósito y consagración».[3]

Como estudiante universitario, Borden comenzó un grupo de oración matutina. Ganó para Cristo a los estudiantes más difíciles, ministró a los desamparados, se interesó en los problemas sociales y fundó la *Yale Hope Mission* [Misión de esperanza de Yale] para rescatar a los alcohólicos de la calle. Más adelante, ministraría al pueblo musulmán de Kansu en China. Borden nunca dudó de su llamado. Aunque era millonario, mantuvo los ojos fijos en Cristo. Esto le permitió rechazar muchas propuestas laborales lucrativas luego de graduarse. En ese momento, escribió otras palabras en su Biblia: «Sin vuelta atrás».

A continuación, Borden asistió al seminario teológico de Princeton y cuando completó sus estudios, viajó a China. Se detuvo en Egipto para estudiar árabe, pero contrajo allí meningitis de la espina dorsal. Murió en menos de un mes, a los 25 años. La noticia de su muerte prematura se difundió con rapidez por los medios de comunicación estadounidenses. La viuda de Hudson Taylor escribió: «Borden no solo entregó su fortuna sino también su persona, con tanta alegría y naturalidad que parecía más un privilegio que un sacrificio».[4] Antes de morir, Borden volvió a escribir en su Biblia: «Sin remordimientos». Sin reservas. Sin vuelta atrás. Sin remordimientos.

La historia de Borden se parece a la de otro joven. Moisés abandonó la fama, la fortuna, el poder y los placeres de Egipto (Hech. 7:22). Un mundo pagano no puede entender a una persona de convicción. Sobrepasa su capacidad de comprensión, aunque ellos sean los que malgastan la vida en cuestiones terrenales.

Dios define el éxito de otra manera. Moisés dejó el palacio y no miró atrás jamás. «Rehusó» (Heb. 11:24). Rehusar es rechazar, negar o repudiar por completo. Morir a uno mismo es la decisión más liberadora de la vida. Es el momento decisivo que define todos los demás.

Algunos pueden decir: «Pero Moisés nunca vio la tierra prometida. Con todo lo que hizo, no lo logró». Tienen razón… y están equivocados. Si Moisés no hubiera tomado esa postura, tampoco habría sido testigo del poder y la intervención milagrosa de Dios en su generación.

Moisés rehusó ser llamado hijo de la hija del Faraón. Rechazó la oferta segura, pero escogió sufrir junto al pueblo de Dios y prefirió las riquezas de un hijo del Rey de reyes. Consideró lo que Egipto podía ofrecerle y lo que Dios lo llamaba a hacer, y escogió a Dios. Podríamos decir que rechazó la corona para llevar su cruz a diario.

Vemos la misma actitud en los creyentes de Tesalónica al leer cómo se convirtieron «de los ídolos a Dios, para servir al Dios vivo y verdadero» (1 Tes. 1:9). Les dieron la espalda a los ídolos y los dioses falsos y siguieron al único Dios verdadero. Estos nuevos creyentes se encontraban a menos de 80 kilómetros (50 millas) del monte Olimpo, donde se decía que habitaban los dioses. Aunque vivían a la sombra de todos los dioses falsos, vieron al único Dios verdadero. No porque sus dioses falsos no fueran atractivos, sino porque en el Dios verdadero descubrieron que los falsos eran vacíos, no tenían sentido ni poder para cambiar sus vidas.

Piensa en la importancia de lo que Moisés escogió y rechazó. Josefo afirma que Moisés era heredero del trono de Egipto, pero decidió identificarse con una nación de esclavos. Hace falta valentía para separarse de la multitud cuando «todos lo hacen».

Al escoger la multitud y el camino de menor resistencia, nos colocamos en el camino de las concesiones y la carnalidad. Si claudicamos, no podremos tratar ni confrontar los problemas de este mundo. Las concesiones no son una opción para el cristiano valiente, digan lo que digan los demás.

Hace poco, estuvimos hablando con un grupo de líderes cristianos sobre los momentos claves que marcan puntos sin retorno. En las iglesias, los hogares, los matrimonios y las cuestiones morales y éticas hay momentos decisivos. Una vez que se llega allí, es difícil volver atrás. Algunos creen que Estados Unidos está próximo a una de esas instancias. Hay quienes creen que se producirá hacia el 2020. Para entonces, la degeneración moral y la decadencia de los valores y la ética judeocristiana, junto con el aumento del islam en Estados Unidos, nos llevarán a un punto sin retorno.

Se dice que lo único que previene esta condición en la actualidad es la afluencia de hispanos mayormente católicos a Estados Unidos. En otras palabras, estamos en vísperas de la destrucción, al borde del precipicio y nadie pisa el freno ni considera la masacre inminente. ¿Dónde están los valientes de nuestro país? Cuando el pueblo de Dios guarda silencio, nadie confronta la creciente influencia de la falsa espiritualidad. Como dice Adam en la escena decisiva de *Valientes:* «Hombres valientes, ¿dónde están?». Ahora más que nunca se necesitan varones jóvenes dispuestos a ofrecer resistencia.

También necesitamos mujeres valientes. Los hombres y las mujeres valientes pueden transformarse en padres valerosos y criar hijos valientes. Pidámosle a Dios que levante una generación dispuesta a arriesgar todo por el evangelio.

En 1546, Anne Askew fue encarcelada y torturada en Inglaterra por su fe. La estiraron en el potro de tormento hasta desencajarle las coyunturas y los huesos. Cuando recuperó la conciencia, les habló del amor de Cristo durante dos horas a los que la atormentaban y torturaban. El día de su ejecución, tuvieron que llevarla hasta la hoguera en una silla, porque tenía los huesos dislocados y no podía caminar. A último momento, le ofrecieron el perdón si se retractaba. Su respuesta fue: «No vine aquí a negar a mi Señor y mi Maestro».

Como jóvenes adultos o pareja joven, no es momento de dudar ni tener temor. Ya no podemos ir a lo seguro y esperar que la vida siempre sea sencilla y sin complicaciones. Como pueblo de Dios y como nación, quizás nos esperen tiempos difíciles. Necesitamos hombres y mujeres tenaces y resistentes.

Me alienta el movimiento que veo entre los jóvenes. Se están entregando a la obra misionera y escogen el camino menos transitado. Como dijo Jim Elliot, el mártir del siglo xx: «No es tonto aquel que da lo que no puede conservar para ganar aquello que no puede perder».

Mi desafío para esta generación es sencillo: no creas la mentira del evangelio de la prosperidad y el cristianismo fácil. Entrégate al evangelio de Cristo, que vino a buscar y a salvar a los perdidos. Encuentra vida abundante en el Señor, no en las cosas. Dedícate a lo que tiene importancia eterna. Sé como Moisés; mira más allá del momento y toma decisiones que transformen a una generación para Cristo. Moisés tenía una visión distinta. Vance Havner dijo: «Moisés escogió lo imperecedero, vio lo invisible e hizo lo imposible».[5] Como resultado, Dios encontró un hombre en quien confiar para hacerle frente al dictador más poderoso de la época y liberar a Su pueblo.

Moisés aprendió de sus padres y aprendió en el desierto. En ese páramo, aprendió a ser líder. Las ovejas son animales tontos, y Moisés estaba a punto de transformarse en el pastor físico de Israel. Aprendió a conducir a quienes necesitaban con desesperación un líder. Recibió instrucción de su suegro, y conoció más sobre Dios junto a la zarza ardiente. Nunca habría aprendido en Egipto lo que el Señor le mostró en el desierto. Dios le enseñó los principios de la vida y el liderazgo en el páramo del anonimato, lecciones que nunca habría aprendido mimado por el lujo.

A veces, Dios tiene que desacelerarnos para captar nuestra atención. Jim Elliot dijo: «Creo que el diablo se ha dedicado a monopolizar tres elementos: el ruido, la prisa y las multitudes… Satanás conoce bien el poder del silencio».[6] Moisés volvió del desierto con una misión.

¿De dónde vino la valentía? Moisés sabía que no se trataba de enfrentarse al Faraón, sino que Dios se enfrentaría a los dioses falsos de Egipto (Núm. 33:2-4). Detrás del politeísmo egipcio, se escondían las fuerzas del mismo Satanás. Había principados y potestades espirituales detrás de los poderes terrenales. Dios envió a Moisés a juzgar a todos los dioses falsos de Egipto. En realidad, las plagas confrontaban a los diez dioses que representaba cada una. Los escogidos de Dios serán «más que vencedores» (Rom. 8:37).

Los padres de Moisés fueron valientes: escogieron y rechazaron. Consideraron las órdenes del Faraón y rehusaron acatarlas. En cambio, decidieron arriesgar la vida y obedecer a Dios, en lugar de imitar a las demás familias. Su decisión fue determinante. Gracias a su obediencia, Moisés mismo tuvo la valentía de escoger y rechazar. Necesitamos padres como Amram y Jocabed, que críen gigantes espirituales en esta tierra de pigmeos.

¿Cómo te recordarán? Así se lo conmemora a Moisés. «Era Moisés de edad de ciento veinte años cuando murió; sus ojos nunca se oscurecieron, ni perdió su vigor. [...] Y nunca más se levantó profeta en Israel como Moisés, a quien haya conocido Jehová cara a cara; nadie como él en todas las señales y prodigios que Jehová le envió a hacer en tierra de Egipto, a Faraón y a todos sus siervos y a toda su tierra, y en el gran poder y en los hechos grandiosos y terribles que Moisés hizo a la vista de todo Israel» (Deut. 34:7, 10-12).

Cuando miras su vida, ves un hombre que evaluó la situación y las circunstancias de su época y dijo: «Seguiré a Dios». Moisés no se entregó a una causa ni a un movimiento; se consagró a Jehová. Martín Lutero dijo que solo hay dos días importantes: este día y aquel día. Si no vives *este* día para Cristo, no estarás preparado para enfrentarte a Él *aquel* día. Lo que hagas hoy con Dios determinará si la obra de tu vida será madera, heno y hojarasca, u oro, plata y piedras preciosas.

¿Cuál es la voluntad de Dios para tu vida? Dios tiene un plan y un propósito para ti. No estás aquí por accidente (ver Sal. 139; Jer. 1:5). Si aprendemos a contar nuestros días, redimiremos el tiempo que Dios nos dio. Nunca es demasiado tarde para llegar a ser lo que Dios quiere que seamos. Las opciones disminuyen cuanto más alto escalas. El camino se estrecha cerca de la cumbre. Hay que tomar decisiones. Como creyentes, debemos escoger entre lo bueno, lo mejor y lo excelente.

Phillips Brooks dijo: «El silencio del hombre justo que vive en rectitud tiene más poder que las palabras de otro». Te desafío a tener la valentía para ser un padre piadoso, para criar hijos temerosos de Dios y hacer que esta nación se vuelva al Señor. Desafío a los adolescentes y a los jóvenes a ser hombres y mujeres a quienes Dios pueda confiar una gran oportunidad. Para hacerlo, debemos escoger y rechazar. Tenemos que escoger lo mejor y rechazar cualquier cosa inferior.

Capítulo 3

LA VALENTÍA DE LIDERAR EN TODOS LOS ÁMBITOS

«Mira que te mando que te esfuerces y seas valiente; no temas ni desmayes, porque Jehová tu Dios estará contigo en dondequiera que vayas». (Josué 1:9)

«En mi casa, la decisión está tomada. Todos saben quién guiará a mi familia porque, por gracia divina, yo lo haré».

—Adam Mitchell, *Valientes*

Josué fue uno de los generales más grandes de la historia. Sus habilidades de liderazgo y su estrategia militar se estudian hasta el día de hoy. Nació en cautiverio en Egipto pero con el tiempo, dirigió el ejército del Señor y Dios lo escogió para suceder a Moisés. La mayoría comienza a estudiar la vida de Josué desde el libro que lleva su nombre, pero hay más. Mucho antes de ser líder, fue un siervo obediente y un hombre de fe sólida. Estuvo dispuesto a diferenciarse de la multitud.

No se dejaba intimidar por la incredulidad de sus pares. Se mantuvo firme en su compromiso de conquistar la tierra prometida.

Fue intrépido en la batalla y piadoso en el hogar. Josué tenía todo: era un hombre hecho y derecho.

Sin duda, Dios nos llama a ser valientes. Nuestra respuesta a ese llamado determina nuestro legado. Los hombres y las mujeres que saben que están dentro de la voluntad de Dios por el poder divino son invencibles. Necesitamos hombres poderosos a la altura de las exigencias de la época, seguros del llamado de Dios para sus vidas.

Josué fue un soldado y un hombre de Estado. Le creyó a Dios que podían y que tomarían la tierra. Josué apoyó su fe en las promesas divinas. Sabía cómo planear una campaña militar y obtener la victoria. Por cierto, estaba lleno de Dios, seguía Su guía y obedecía Su voluntad (Jos. 1:1-9).

Algunos, frente a la crisis de la muerte de un líder como Moisés, hubieran dicho: «Ya no queda esperanza. ¡Todo está perdido!». Sin embargo, Dios no le hizo una sugerencia a Josué. Le dio una orden directa: «Sé fuerte y valiente» (NVI). Y junto con la orden, una promesa. Dios proveería todo lo que Josué necesitaba para ser un gran líder.

Necesitamos líderes fuertes. No es momento para cobardes ni débiles. Nuestra fortaleza no reside en nosotros sino en el Señor. Moriremos de la misma manera en que vivimos. Si vivimos en cobardía, moriremos cobardes. Si vivimos en valentía, moriremos valientes. Queremos que nuestros líderes militares sean valientes en el campo de batalla. Anhelamos que nuestros hijos sean valientes para resistir la presión de los pares. Necesitamos valentía para escoger entre lo bueno, lo mejor y lo excelente. Precisamos valentía para confrontar el statu quo.

¿Dónde están los hombres que dan el ejemplo? Al mirar los bancos de las iglesias estadounidenses, veo una mayor proporción de mujeres y niños. Observo que, en general, las congregaciones envejecen, declinan y mueren. ¿Dónde están los hombres? ¿Por qué no asumen el reto? ¿Dónde están los hombres apasionados por la fe y la familia? ¿Dónde están los que estudian la Palabra? ¿Dónde están los hombres de oración?

El viaje de Josué hacia la tierra prometida no sería pan comido. El enemigo no les daría la bienvenida ni se retiraría de la tierra. No, habría batallas. Este mandamiento y la promesa que lo acompañaba llegaron en el momento indicado a la vida de Josué. «Sé valiente, no temas». Los mandamientos divinos siempre vienen acompañados de la capacidad para cumplirlos. La valentía de Josué no provenía de él sino de Dios.

El hombre verdaderamente valiente considera a Dios en sus cálculos. No lo olvida en la vida cotidiana ni lo busca solo en una crisis. Siempre recuerda lo que dijo el Señor: «Estaré contigo; no te dejaré, ni te desampararé». No estamos solos en las batallas ni tenemos que enfrentar al enemigo con nuestras propias fuerzas.

El temor puede neutralizar a un hombre y un ejército. Puede desmantelar un país. Hoy, por ejemplo, vivimos en un mundo temeroso de las consecuencias de hacerle frente al islam radical.

Dawson Trottman dijo: «¡Piensa! Puedes hacer mucho más de lo que crees». Hoy en día, veo mucho potencial sin materializar en las personas. Recuerdo que John Madden dijo: «Potencial significa que todavía no lo hiciste». Josué desarrolló su potencial. ¿Has comenzado a desarrollar el tuyo? Josué comprendió que el potencial solo se cumple cuando hay preparación. Dispuso todo lo necesario para ir y tomar la tierra prometida (Jos. 3:5-7, 17).

La valentía de Josué era contagiosa. Les infundió valor a los sacerdotes para guiar y entrar a un río desbordado. Según el razonamiento humano, los arqueros tendrían que haber ido al frente de la batalla, no los sacerdotes. Lloyd John Ogilvie, en su libro *Lord of the Impossible* [Señor de lo imposible], describe la escena:

La promesa de que toda el agua se detendría era increíble. Imagina cuánto valor se necesitaba. El Señor de lo imposible había decidido realizar este milagro solo si los sacerdotes se mojaban los pies. Colócate en el lugar de ellos: temprano por la mañana, te pones el arca al hombro y avanzas hacia ese río desbordado. Ahora, siente la extraña mezcla de pánico y promesa en el corazón cuando llega el momento decisivo. Un paso más y te mojarás los pies. Siempre imaginé que la valentía para dar ese paso provenía del arca misma; debe de haberles infundido arrojo y osadía. En su interior, se encontraban las tabillas con los Diez Mandamientos que Dios le había dado a Moisés en el Sinaí. Arriba estaba el propiciatorio, para recordar el amor clemente y redentor de Yahvéh.

Sin duda, estos sacerdotes se aferraron tanto al pacto de los mandamientos como a la misericordia del Señor al contemplar este increíble paso de fe. No había vuelta atrás. Dios y el pueblo dependían de ellos.[1]

El río estaba desbordado. El temor debe de haberles susurrado: «Los arrastrará la corriente. Siempre los recordarán como los que perdieron el arca y los Diez Mandamientos». Hace falta valentía para entrar en el agua en medio de una inundación. Sin embargo, marcharon con fe y valor. Un día, estaban en el desierto; al día siguiente, en la tierra prometida.

Al considerar y contemplar una situación, concéntrate en Dios. Nuestra fortaleza se apoya en las promesas de Cristo. En algún momento, pasamos de la contemplación y los cálculos al compromiso. La promesa de Dios exigía una respuesta. Josué y su ejército tuvieron que pelear como si todo dependiera de ellos. Spurgeon dijo: «Lo mejor y más sabio es obrar como si todo dependiera de ti y confiar en Dios, sabiendo que todo depende de Él».[2]

Josué fue un gran líder porque era un excelente discípulo. Comprendía el deber y la obediencia. Sabía que había una mano invisible que lo guiaba, y que el juicio y el análisis de Dios eran mejores que su propio razonamiento. ¿Quién intentaría vencer una ciudad imponente caminando alrededor de sus muros? Solo un hombre que había escuchado a Dios. Una vez que el pueblo de Israel cruzó el Jordán, Josué evaluó la situación (Jos. 5:13-15).

Josué, un general, se postró ante el Príncipe del ejército de Jehová, nada menos que una manifestación de Cristo mismo. El Príncipe le dijo al general que estaba listo para defender a Su pueblo. Josué sabía acatar órdenes.

Muchos se creen superiores y Dios no puede usarlos, son demasiado engreídos. Hemos escuchado tantos sermones reconfortantes y de autoayuda que no sabemos cómo depender de Dios. No se escucha a menudo un sermón sobre el señorío. Sin embargo, la capacidad de Josué para conquistar surgía de haber sido conquistado por Dios.

Los líderes se ponen a la altura de las circunstancias. En realidad, los valientes como Josué llegan hasta la cima porque aprendieron a arrodillarse ante Dios. No hay atajos para la espiritualidad. No hay una pastilla para la valentía. Se desarrolla y se define a solas con Dios.

Adrian Rogers dijo en un sermón: «Dios apareció y le dijo a Josué: "No vine a tomar partido, vine a tomar el control"». Ningún otro líder del Antiguo Testamento peleó tantas batallas y se enfrentó a tantos enemigos. Josué los venció porque sabía que no estaba a cargo. Dios apareció no solo para dirigir el ejército de Israel, sino también para pelear por él y junto a él.

Dios siempre probó Su suficiencia para con Su pueblo. Nunca falla. Está presente y tiene poder. Las batallas de la vida tienen una faceta espiritual. Job nunca se enteró de la conversación celestial entre Dios y el diablo. Jesús tuvo que informarle a Pedro que

Satanás había querido zarandearlo. Simbólicamente, tenemos que vestirnos a diario con toda la armadura de Dios. Tenemos recursos celestiales. Debemos someter nuestras estrategias a las del Señor. Recuerda, las batallas le pertenecen a Él. Se dice que Josué ajustaba su forma de pensar a la mente de Dios, así como uno ajusta el reloj de acuerdo al sol.[3]

Josué es un ejemplo de lo que el Señor puede hacer con alguien que tiene la valentía para seguirlo sin reservas. Su nombre significa «Jehová es salvación» o «Jehová salva». Fue valiente porque puso su confianza en Dios. D. L. Moody dijo: «Para la obra cristiana, es necesario ser valiente. Nunca he visto que una persona que se desalienta fácilmente logre algo en la vida».

Como en general viajo por el país para hablar en conferencias y convenciones pastorales, conozco cientos de pastores todos los años. Al pasar tiempo con estos hombres, he descubierto que a muchos los asedia el temor. Me atribula ver que otros viven en temor y se conforman con mucho menos que una vida victoriosa. La victoria supone una batalla. Estamos en guerra pero no debemos temer.

La Escritura nos dice: «El temor del hombre pondrá lazo» (Prov. 29:25). La Biblia nos dice que no temamos. Jesús dijo: «No teman». Los hombres siguen a los líderes. Por desgracia, difícilmente las iglesias superen el nivel de sus líderes.

Pablo escribió: «Porque no nos ha dado Dios espíritu de cobardía, sino de poder, de amor y de dominio propio» (2 Tim. 1:7). El liderazgo no tiene nada que ver con tu disposición, sino con comprender tu posición en Cristo. Si pides valentía en oración, ¿crees que Dios te la dará o te colocará en una situación que te permita ser valiente? Nunca sabrás si eres valiente hasta que estés dispuesto a ser probado.

Necesitamos una nueva generación de líderes valientes. Un día, observé que la iglesia que pastoreo estaba encaneciendo. Comencé a dedicarme intencionalmente a los hombres más jóvenes. Hoy vemos la bendición de esa decisión. Los jóvenes se están levantando. Doy gracias por lo que está sucediendo entre nuestros hombres, adolescentes y adultos.

El Señor le dijo a Josué: «Yo he entregado en tu mano a Jericó» (Jos. 6:2). Entre nosotros, ¿quién estaría dispuesto a pedirle a Dios que nos entregara la ciudad o la comunidad en que vivimos? Hay que pagar un precio: rendirnos y obedecer.

Hace algunos años, en un viaje a Israel, mi familia recibió una bendición increíble. Realizamos el vuelo de diez horas hasta la Tierra Santa en clase turista, lo cual significaba perder la circulación en las piernas. Solo la gracia de Dios y un quiropráctico pueden enderezarte luego de estar embutido tantas horas en un avión.

Sin embargo, el viaje de regreso fue distinto. La aerolínea había aceptado un exceso de reservas y había algunos asientos libres en primera clase. Como soy un viajero frecuente, nos pasaron a primera clase con mi esposa y mis dos hijas. Fue un vuelo excelente. Volar en primera clase es una experiencia diferente. La comida es mejor. Los asientos son mejores. Todos llegamos a destino al mismo tiempo, pero nosotros estábamos más descansados que los demás pasajeros.

Mientras escribo, estamos a punto de embarcarnos en otro viaje a Israel. No creo que vayamos en primera clase. Si no hay otro milagro, la única manera de hacerlo sería pagando el precio. Me encanta primera clase, pero los beneficios no ameritan pagar tres o cuatro mil dólares más. Lo que pretendo decir es que todos los creyentes irán al cielo, pero algunos llegaremos sin haber experimentado todo lo que Dios tenía para nosotros.

El temor al fracaso, a los hombres o a las consecuencias nos mantiene acorralados. Hace falta valentía para salir de los esquemas donde quiere encasillarte el mundo, para reclamar tu asiento de primera clase. Es hora de evaluar tu vida.

¿Anhelas caminar en victoria? Bueno, no te van a regalar un asiento de primera clase. Tendrás que pagar el precio. La fidelidad en las pequeñas cosas te abrirá la puerta a grandes cosas. Si quieres explotar al máximo tu potencial, no puedes conformarte con los asientos económicos y el lado poco profundo de la piscina. ¡Tienes que zambullirte, participar y arriesgar! Hace falta valor.

Josué fue un excelente líder por varias razones. Le hizo frente a cada crisis. En su discurso ante el Parlamento el 4 de junio de 1940, Winston Churchill dijo: «Sin importar cuál sea el costo, pelearemos en las playas, pelearemos en los campos de aterrizaje, pelearemos en zonas rurales y urbanas, pelearemos en las montañas; nunca nos rendiremos».

Josué sabía que se enfrentaría a tremendos obstáculos y oposiciones. No planeó toda la guerra. Abordó una ciudad a la vez y le confió a Dios la amplia gama de estrategias de batalla. Josué aprendió bien al escuchar y observar a Moisés. «Jehová vuestro Dios va con vosotros, para pelear por vosotros contra vuestros enemigos, para salvaros» (Deut. 20:4).

Al igual que Moisés, Josué no hacía concesiones. La frase «por mi parte» (NVI) aparece varias veces en el libro de Josué. Es una afirmación de valentía y compromiso, un llamado a renunciar a todo lo secundario y superficial. Al final de su vida, Josué siguió llamando al pueblo a tomar firmes decisiones y servir al Señor.

Josué también comprendía las consecuencias de sus decisiones. En el capítulo 24, vemos que nunca se adjudicó el crédito de sus logros. Le dio el reconocimiento y la gloria a Dios. Los líderes valientes no necesitan aplausos, atención ni medallas. En su discurso de despedida, Josué le recordó al pueblo la importancia de sus decisiones. Sabía que las malas elecciones tenían consecuencias desastrosas.

Pronunció un discurso famoso en Siquem, donde habían estado Abraham y Jacob. Allí, el pueblo volvió a comprometerse con el Señor al entrar en la tierra (ver Jos. 8). Después, Josué los llevó a una renovación y los confrontó con las decisiones que debían tomar.

Josué declaró la postura de su familia. No les pidió la opinión a sus hijos adolescentes. No lo sometió a voto democrático. Estoy cansado de los hombres que siempre les preguntan a los hijos qué creen que debería hacer la familia. Para mí, ¡si no eres quien paga las cuentas, no puedes opinar! Josué habló como cabeza de su hogar (ver Jos. 24:14ss).

En la película *Valientes*, los protagonistas toman la resolución de ser líderes espirituales en su hogares. En toda la trama, actúan con valentía y heroísmo a favor de los ciudadanos de la comunidad, pero el momento más valiente llega al tener que decidir ser verdaderos hombres y asumir la responsabilidad de sus propias vidas y las de sus familias. Realizan un compromiso:

Decido con solemnidad ante Dios hacerme plenamente responsable de mí mismo, de mi esposa y mis hijos. Los amaré, los protegeré, los serviré y les enseñaré los estatutos de Dios, como líder espiritual de mi casa. Le seré fiel a mi esposa, la amaré y la honraré, y estaré dispuesto a dar mi vida por ella, como Cristo hizo por mí. Les enseñaré a mis hijos a amar a Dios con todo el corazón, la mente y la fuerza y los instruiré a respetar la autoridad y ser responsables. Confrontaré el mal, buscaré la justicia, amaré la misericordia y trataré a los demás con amabilidad, respeto y compasión. Me esforzaré para suplir las necesidades de mi familia, guardaré mi palabra y cumpliré mis promesas. Perdonaré a los que me hagan mal y me reconciliaré con los que yo haya lastimado. Caminaré en integridad como hombre responsable ante Dios, y buscaré honrarlo, obedecer Su Palabra y hacer Su voluntad. Yo y mi casa serviremos a Jehová.

Necesitamos hombres valientes. Esposos valientes. Padres valientes. Hombres valerosos que no se conformen con seguir la corriente para llevarse bien con todos. No es momento de dar marcha atrás. Recuerdo cuando en nuestra iglesia teníamos reuniones del movimiento *Promise Keepers* [Hombres que cumplen promesas]. Asistían cientos de varones todos los sábados por la mañana. Íbamos en autobuses hasta el centro comercial Washington Mall y hacíamos grandes promesas. Lo trágico es que algunos de esos hombres no las cumplieron. Estaban encantados con el evento, pero no se comprometieron con el proceso, ni realizaron cambios duraderos.

La historia está llena de aquellos que dijeron que harían algo maravilloso para Dios y fracasaron. ¿Adónde está el movimiento masculino? No me refiero a un puñado aquí y otro grupo paraeclesiástico allá. Hablo de un movimiento mundial de hombres que se unan para vivir para Dios y reconquistar la tierra.

Me niego a presenciar en silencio la muerte de la familia y de la fe. Si esta cultura se encamina al derrumbe, al menos me levantaré y hablaré. Hace algún tiempo, interpelé a la congregación de Sherwood: «Como pastor y como padre, los desafío a seguir a Dios aunque nadie los acompañe. No podemos adorar al único Dios verdadero y a otra persona u otra cosa» (ver Jos. 24:14). Lo que ocupa nuestra mente es lo que adoramos. Por eso, la batalla del Nuevo Testamento es mental. Debemos renovar nuestra mente y meditar en estas cosas porque Dios nos llamó a tener una forma de pensar distinta a la del mundo. Pero hasta que lo bueno no se levante y dé el ejemplo, lo malo no lo tomará en cuenta.

No hay segundas oportunidades en esto. Solo tienes una oportunidad de cruzar el Jordán, de conquistar Jericó, de tomar la tierra y de ser un hombre piadoso. Elige hoy a quién servirás. Ese fue el clamor de Josué en su último sermón. ¿Cuál será tu discurso de despedida? ¿Será algo como: «Lamento no haber sido… no haber hecho… Tendría que haber… Quisiera haber…»? ¿O acaso podrás decir: «Hace años que me postré ante Dios y le rendí mi vida. Nunca lamenté esa decisión. Llevé a mi familia a servir a Dios». A propósito, escribes tu discurso de despedida con cada día que pasa. ¿Lo editarás hoy porque no es el que quieres dejar? ¿O puedes decir: «Pero yo y mi casa, serviremos al Señor»?

No es un ensayo general. Las batallas son reales. Las exigencias son grandes. La oportunidad de dejar huella es inconmensurable. Todo comienza contigo y con tu casa. Samuel Rutherford dijo: «Luego de haberle entregado todo lo que soy, todavía debo decir: "¡Señor Jesús, ven y conquístame!"». Los misioneros moravos comenzaron un avivamiento que duró más de cien años. Nunca miraron atrás. Siguieron adelante con una fe valiente. Su lema era: «¡Nuestro Cordero ha conquistado! Sigámoslo». Ojalá que podamos decir lo mismo.

Capítulo 4

LA VALENTÍA DE SER UN HÉROE HUMILDE

---

*«Y mirándole Jehová, le dijo: Ve con esta tu
fuerza, y salvarás a Israel de la mano de los
madianitas. ¿No te envío yo?» (Jueces 6:14)*

*«Estoy sumamente agradecido por mi trabajo, pero no
puedo hacer lo que me piden. Está mal. Si miento en
el informe, deshonraría a Dios y a mi familia».*

—Javier Martínez, *Valientes*

E stamos frente a un vacío de liderazgo. Lo vemos en los medios de comunicación. A menudo, se pregunta: «¿Adónde están los líderes nacionales de los partidos políticos?». Al parecer, los líderes de hoy son débiles guías de débiles.

Hace varios años, el periódico *Los Angeles Times* publicó un editorial titulado: «Whatever Happened to the Public Heroes of Yesterday?» [¿Qué les sucedió a los héroes públicos de antaño?]. El periodista escribía: «Vivimos en una era de hombres espiritualmente apocados y deslucidos, quienes consideran anatema el concepto mismo del liderazgo audaz».[1]

Estoy completamente de acuerdo. Lo veo en la educación, en los negocios, el gobierno y la política. Por desgracia, también lo percibo en el pueblo de Dios. Necesitamos descubrir líderes. Precisamos héroes. Para ver un cambio significativo en nuestra época, tenemos que dejar de escondernos por temor. Tenemos la oportunidad increíble de impactar la sociedad, si no nos perdemos. Quién sabe, quizás haya un héroe escondido dentro de ti.

La mayoría de los héroes no se perciben a sí mismos de esa manera. No se levantaron una mañana y decidieron: «Hoy voy a ser un héroe». Sin embargo, sus vidas llenan las páginas de la historia.

La mayoría de nosotros recuerda a los héroes del 11 de septiembre. Algunos intentaron tomar la cabina del piloto, con las inolvidables palabras: «¡A la carga!» Esa frase todavía nos recuerda a personas comunes y corrientes que se transformaron en héroes y serán recordadas siempre en los libros de historia. Bomberos y oficiales de policía corrieron a las torres gemelas a enfrentar una tarea peligrosa, y nos recordaron que los empleados públicos en todo el país que arriesgan sus vidas a diario son algunos de los héroes anónimos más loables. Cientos murieron ese día haciendo su trabajo, intentado salvar vidas y con la esperanza de dejar huella.

Con la película *Valientes,* nuestro deseo es llamar a los hombres a ser héroes, hombres de honor para sus esposas y sus hijos. El honor comienza en casa. Queremos que los padres comprendan que no alcanza con ser buenos. Anhelamos criar una generación que mire a sus padres con admiración en lugar de indiferencia o desdén.

Los héroes de mi vida son hombres y mujeres de toda clase, la mayoría gente poco conocida. Mi padre fue un héroe, y probablemente menos de 500 personas lo conocieron. Fue un héroe en la escuela secundaria: uno de los mejores atletas que jugó fútbol americano y básquet, y algunos de sus récords siguen invictos 60 años después. Sirvió en la Segunda Guerra Mundial, con el escuadrón de la bomba atómica. Tengo fotografías de él junto al *Enola Gay*, cuando el coronel Paul Tibbets lo piloteó de regreso luego de arrojar la primera bomba atómica.

Cuando mi hija Hayley estaba en el liceo, escribió un ensayo sobre mi padre. Contactamos al coronel Tibbets para ver si lo recordaba. Todavía recuerdo su respuesta: «Fue un héroe estadounidense». El peso de esta afirmación me aturdió. Mi padre nunca se consideró un héroe. Solo cumplía su trabajo y servía a su país cuando el coronel Tibbets lo escogió cuidadosamente para formar parte de un grupo sumamente secreto.

Pablo les escribió a los corintios:

Mirad, hermanos, vuestra vocación, que no sois muchos sabios según la carne, ni muchos poderosos, ni muchos nobles; sino que lo necio del mundo escogió Dios, para avergonzar a los sabios; y lo débil del mundo escogió Dios, para avergonzar a lo fuerte; y lo vil del mundo y lo menospreciado escogió Dios, y lo que no es, para deshacer lo que es, a fin de que nadie se jacte en su presencia. (1 Cor. 1:26-29)

Para cumplir Sus propósitos, Dios levanta personas que no se designarían para semejante tarea, pero el Señor ve algo en ellas y las llama. La mayoría de nosotros no se consideraría un héroe, pero Dios nos escogió cuidadosamente para ser Sus siervos. Tiene la costumbre de elegir personas sin importancia y transformarlas por el poder de Jesucristo.

Durante el avivamiento en Gales, Seth Joshua oró: «Dios, levanta en medio de nosotros a un hombre de las minas locales o del campo, para desconcertar nuestra lógica». Una de las mayores lecciones que deben aprender los creyentes es que nuestras fortalezas no ayudan a Dios, y nuestras debilidades no son de obstáculo para Él. John Blanchard dice: «Dios tiene en más alta estima al que menos piensa de sí mismo».

Gedeón estaba totalmente convencido de que era un don nadie. Hoy, se lo considera un héroe. Dios no busca talento ni personalidad, sino a alguien a quien pueda confiarle grandes responsabilidades. Busca a quienes le den gloria. La humildad no es pensar poco de nuestra persona, sino directamente no pensar en uno mismo.

El libro de Jueces es deprimente. Que aparezca luego de la historia de Josué es un testimonio lamentable de una generación que escogió la derrota y la rebeldía en lugar de la victoria y la obediencia.

Apenas dos generaciones después de la época de Josué, el pueblo ya no conocía a Dios.

Transigieron, cayeron en pecado y terminaron en cautiverio. Oraron por un libertador pero no designaron ninguno. Dios siempre escogió al líder, y Gedeón fue uno de los jueces que levantó en una época de crisis.

Gary Inrig, en su libro *Hearts of Iron Feet of Clay* [Corazones de hierro, pies de barro], escribe: «Una de las mayores verdades de la Escritura es que cuando Dios nos mira, no ve lo que somos sino lo que podemos llegar a ser mediante Su obra en nosotros. Los demás nos miran y ven nuestras fallas y defectos. Dios nos mira y ve posibilidades, a través de Su presencia transformadora».[2] A menudo, les digo a los que están desilusionados consigo mismos: «Dios quiere para ti lo que tú mismo querrías si tuvieras suficiente fe y sentido común».

La historia de Gedeón es sumamente alentadora. Dios se dedica a formar héroes desde el anonimato. No dejes que nadie más que Él te diga lo que puedes ser. Cuando comencé mi trabajo en el ministerio, mi pastor me dijo que no esperara lograr nada «grandioso», porque no me veía como un líder, sino más bien como alguien que apoyaba detrás de escena. Me alentó a «conformarme». Quizás me desarrollé tarde, pero sabía que deseaba que mi vida dejara huella.

Cuando falleció mi padre, nos reunimos en el funeral. Mi tía Hazel estaba allí. Quisiera que hubieras podido conocerla (en realidad no). Ni siquiera recuerdo haberla visto sonreír; tenía el don espiritual del desaliento. La tía Hazel se acercó a dos de las mujeres de nuestro equipo y les preguntó quiénes eran todos los presentes en el funeral. Le contestaron que muchos eran miembros de Sherwood. Pareció sorprendida y preguntó: «¿Cuántos miembros tiene esa iglesia?». Cuando le respondieron «tres mil», contestó con rapidez: «¡Ja! Nunca pensé que ese muchacho llegara a algo». ¡Eso sí que es apoyo familiar!

Seguro que tienes una tía Hazel; alguien que siempre te dice lo que puedes y no puedes hacer, lo que nunca lograrás. No la escuches. Tu tía Hazel nunca hizo nada con su vida, así que no dejes que te ponga la misma etiqueta.

La Escritura proporciona relatos de hombres y mujeres que parecían insignificantes pero que fueron lo suficientemente importantes como para figurar en la Palabra de Dios. Hombres como Samgar, a quien se menciona solo dos veces en Jueces. «Después de [...] fue Samgar hijo de Anat, el cual mató a seiscientos hombres de los filisteos con una aguijada de bueyes; y él también salvó a Israel» (3:31). Poco se sabe de este hombre, pero sí sabemos que usó una herramienta agrícola y salvó a Israel. Dios se fijó en él.

Al principio, nadie pensaba que Gedeón sería un gran líder. Probablemente, era la última persona que el pueblo esperaba que Dios eligiera. El relato completo de su encuentro con Dios está en Jueces 6, pero observa este intercambio.

Y vino el ángel de Jehová, y se sentó debajo de la encina que está en Ofra, la cual era de Joás abiezerita; y su hijo Gedeón estaba sacudiendo el trigo en el lagar, para esconderlo de los madianitas.

Y el ángel de Jehová se le apareció, y le dijo: Jehová está contigo, varón esforzado y valiente.

Y Gedeón le respondió: Ah, señor mío, si Jehová está con nosotros, ¿por qué nos ha sobrevenido todo esto? ¿Y dónde están todas sus maravillas, que nuestros padres nos han contado, diciendo: ¿No nos sacó Jehová de Egipto? Y ahora Jehová nos ha desamparado, y nos ha entregado en mano de los madianitas.

Y mirándole Jehová, le dijo: Ve con esta tu fuerza, y salvarás a Israel de la mano de los madianitas. ¿No te envío yo?

Entonces le respondió: Ah, señor mío, ¿con qué salvaré yo a Israel? He aquí que mi familia es pobre en Manasés, y yo el menor en la casa de mi padre.

Jehová le dijo: Ciertamente yo estaré contigo, y derrotarás a los madianitas como a un solo hombre. (Jue. 6:11-16)

Durante siete años, los madianitas, los amalecitas y otras tribus nómadas humillaron al pueblo de Dios. Constantemente asaltaban, saqueaban y arrasaban la nación. El pueblo que había sido grande bajo el liderazgo de Josué había caído en la insignificancia, presa de las tribus y naciones vecinas por causa del pecado y la infidelidad a Dios.

Gedeón no se ofreció como voluntario para dirigir el ejército. Era un cobarde escondido que, con el tiempo, se volvería valiente.

Lo primero que nos llama la atención de Gedeón es su renuencia y su temor. Sin embargo, el ángel de Jehová llamó «varón esforzado y valiente» a este cobarde. La expresión se refiere a los soldados valerosos que marchaban a enfrentarse con el enemigo. Designa un héroe, una persona que muestra un valor admirable. Dios no intentaba ser sarcástico; miraba a través de la lente extensa de la eternidad. Veía en quién se transformaría Gedeón. Fue una evaluación celestial. Dios vio algo en este hombre que él no veía.

Por eso le respondió descreído. Una y otra vez, pronunció palabras como *si, por qué, dónde* y *cómo*. En respuesta a todas sus preguntas e inquietudes, Dios dijo: «Ve con esta tu fuerza, y salvarás a Israel de la mano de los madianitas. ¿No te envío yo?» Dios no le dijo a Gedeón que confiara en sus propias fuerzas. Le dijo que fuera por el poder de Dios: Él estaría a su lado.

Quizás, el temor debilitaba a Gedeón. Temor a pelear. Temor a morir. Temor a lo desconocido. Lo que fuera: la valentía no lo caracterizaba en este momento de su vida. La lista de fobias en este mundo es interminable. Hay algunas más comunes como la aracnofobia (temor a las arañas) y la aerofobia (temor a volar), y luego están las más extrañas como la halitofobia (temor al mal aliento) o la megalofobia (miedo a los objetos grandes), e incluso la fobofobia: ¡el temor a tener una fobia!

Las personas temerosas a menudo son indecisas, y este parecía ser el caso de Gedeón. Sin embargo, Dios suele tomar la indecisión y transformarla en actos heroicos. Todo comienza con un encuentro con Dios. El Señor vio más allá de lo que Gedeón era en ese momento, vio lo que podía ser si se entregaba por completo. En efecto, me resulta un tanto cómico que Dios le entregara un ejército sumamente reducido a un hombre que se estaba escondiendo. Dios quería que Gedeón pasara del temor a la fe, de la cobardía al valor.

Hoy nos falta valentía porque con necedad tratamos de afirmar nuestra autoimagen y el sentido de valor personal con algo de psicología popular y una pizca de religión. Los libros de autoayuda pueden funcionar en la superficie, pero no cambian el corazón ni el carácter. Dios no intentó animar a Gedeón; le recordó que ya tenía todo lo que necesitaba para vencer.

El poder divino nos transforma en algo que jamás podríamos lograr por cuenta propia, y Su Palabra es Su promesa. Por ejemplo:

¿Qué, pues, diremos a esto? Si Dios es por nosotros, ¿quién contra nosotros? (Rom. 8:31)

Todo lo puedo en Cristo que me fortalece. (Fil. 4:13)

Porque no nos ha dado Dios espíritu de cobardía, sino de poder, de amor y de dominio propio. (2 Tim. 1:7)

Warren Wiersbe escribe: «Al igual que Gedeón, solemos discutir con Dios e intentamos convencerlo de que exagera al afirmar nuestro potencial. Moisés reaccionó de esa manera cuando Dios lo llamó (Ex. 3-4), y también el joven Jeremías (Jer. 1); pero al final, los dos se rindieron a la voluntad del Señor. ¡Qué bueno que lo hicieron!, porque así surgió su futuro».[3]

Dios está comprometido con Su plan para tu vida, sin importar cuáles sean tus debilidades. No necesitamos autoayuda, seguridad en nosotros mismos ni una palmada en la espalda. Nuestra confianza debe venir de la grandeza de nuestro Dios. Al destruir los altares a Baal en la propiedad de su padre, Gedeón demostró que su confianza en Dios iba en aumento (Jue. 6:25-32). La valentía comienza en casa. En ese lugar, construyó un altar a Jehová. Fue una prueba seria que podría haber producido la ira de la familia de Gedeón, pero la valentía exige decisiones.

No se puede convivir en paz ni dar tregua al diablo. Si me falta valentía en casa, me faltará también en la batalla. Gary Inrig nos recuerda: «Hasta que Gedeón no solucionara el problema de su propio patio, Dios no lo usaría para librar a Su pueblo».[4] La obediencia y la valentía de Gedeón llevaron al arrepentimiento de su padre. Cuando descubrieron los altares destruidos, los ciudadanos quisieron matar a Gedeón. Sin embargo, quizás para sorpresa del muchacho, su padre lo defendió (Jue. 6:29-32).

Joás vio la valentía de su hijo y la ineptitud de Baal para defenderse, así que llamó a su hijo Jerobaal, que significa «Baal contenderá» o «en contra de Baal». Gedeón era un recordatorio andante de la incapacidad de los dioses falsos y del poder del único Dios verdadero.

Los dos altares en la historia de Gedeón representan dos verdades poderosas. El primero es para Jehová que reina. El segundo recuerda que Baal estaba acabado. Nunca tendremos una vida valiente hasta que tengamos la valentía de echar por la borda nuestros dioses falsos. Siempre habrá un lastre que nos detenga.

En 2000, nuestra familia visitó Inglaterra y Escocia. En este viaje, conocimos a Colin Peckham, un hombre maravilloso que nos llevó de paseo por Edimburgo. Mientras caminábamos, señaló la tumba de John Knox. También visitamos la casa de Knox y caminamos por el palacio de Holyrood. Cuando Colin relató la historia de John Knox y su valentía, se le iluminaron los ojos y su voz resonó con poder, al recordar el día en que un solo hombre defendió una causa justa. Gracias a él, Escocia experimentó la Reforma.

Colin narró cómo Knox estuvo prisionero en un barco de esclavos por no someterse a la iglesia católica oficial y por predicar el arrepentimiento incluso a María, reina de Escocia. Un día, alguien le exigió que besara una imagen de madera de la virgen María. Knox se negó y lanzó la estatua por la borda. Luego gritó: «¡Dejen que se salve sola! Es liviana, dejen que aprenda a nadar». Ese acto de valentía lo impulsó al frente de la Reforma.

La valentía no es tal hasta que resiste la prueba. Hudson Taylor dijo: «Los grandes hombres de Dios siempre fueron personas débiles que hicieron cosas increíbles para el Señor porque confiaron en Su respaldo y en Su fidelidad».[5] Gracias a la postura que tomó Gedeón, el Espíritu del Señor vino sobre él. Reunió un ejército de

32.000 soldados, pero en teoría, no hubieran podido hacerle frente a un ejército enemigo de 135.000. La desigualdad era abismal. Nadie hubiera apostado por Gedeón excepto el mismo Dios. Sí, el Señor estaba tan seguro del resultado que le mandó reducir el ejército a 300 soldados.

He visitado varias veces el lugar de esta victoria histórica y la fuente de Harod. Es increíble estar allí y pensar en lo que sucedió el día que apareció Dios y demostró Su poder. Los 135.000 estaban acampados al norte. Entre los dos ejércitos, había un valle y la fuente de Harod. Allí, Dios comenzó a disolver el ejército israelita y le recordó a Gedeón que el poder, la valentía y la victoria provenían solo de Él. Gedeón tenía demasiados soldados y Dios sabía que se adjudicarían la victoria. Veintidós mil hombres se fueron aterrorizados, pero Dios no había terminado. Quedaba otra prueba.

Y Jehová dijo a Gedeón: Aún es mucho el pueblo; llévalos a las aguas, y allí te los probaré; y del que yo te diga: Vaya éste contigo, irá contigo; mas de cualquiera que yo te diga: Este no vaya contigo, el tal no irá. Entonces llevó el pueblo a las aguas; y Jehová dijo a Gedeón: Cualquiera que lamiere las aguas con su lengua como lame el perro, a aquél pondrás aparte; asimismo a cualquiera que se doblare sobre sus rodillas para beber. Y fue el número de los que lamieron llevando el agua con la mano a su boca, trescientos hombres; y todo el resto del pueblo se dobló sobre sus rodillas para beber las aguas. Entonces Jehová dijo a Gedeón: Con estos trescientos hombres que lamieron el agua os salvaré, y entregaré a los madianitas en tus manos; y váyase toda la demás gente cada uno a su lugar. Y habiendo tomado provisiones para el pueblo, y sus trompetas, envió a todos los israelitas cada uno a su tienda, y retuvo a aquellos trescientos hombres; y tenía el campamento de Madián abajo en el valle. (Jue. 7:4-8)

Gedeón buscaba guerreros, pero Dios buscaba fe. Los hombres elegidos fueron quienes dejaron una mano libre y se mantuvieron alertas. Algunos se creen demasiado importantes como para que Dios los use. Nos enorgullecen nuestras fortalezas, nuestros dones y talentos, nuestra personalidad, educación y preparación. No obstante, Dios busca desesperación, quebranto, humildad, fe y obediencia, porque no comparte Su gloria con nadie.

En Deuteronomio 20, Dios instruyó a Su pueblo respecto a la valentía: «Cuando salgas a la guerra contra tus enemigos, si vieres caballos y carros, y un pueblo más grande que tú, no tengas temor de ellos, porque Jehová tu Dios está contigo, el cual te sacó de tierra de Egipto [...] no desmaye vuestro corazón, no temáis, ni os azoréis, ni tampoco os desalentéis delante de ellos; porque Jehová vuestro Dios va con vosotros, para pelear por vosotros contra vuestros enemigos, para salvaros» (vv. 1, 3-4).

Al igual que el temor, la valentía es contagiosa. El miedo se concentra en los obstáculos; el valor, en la oportunidad. El temor mira con los ojos de la carne; la valentía, con los ojos de la fe. Beber del manantial fue una prueba de valentía. Gedeón tenía que observar a los hombres mientras bebían, y solo 300 mantuvieron la mirada en el enemigo. Una vez, Oliver Cromwell comparó su nuevo ejército modelo con el de Gedeón. Dijo: « Son preferibles 300 hombres buenos y con verdadero temor de Dios que 10.000 reclutados al azar o contratados a un chelín por cabeza en la taberna del lugar».

Aunque probablemente Gedeón y sus hombres tendrían que haber estado asustados, los madianitas fueron quienes sintieron temor. Al final, Dios se enfrentó a 135.000 hombres sin posibilidad de ganar. Gedeón y su pandilla fueron meros instrumentos en manos de Dios.

Este relato increíble nos recuerda que el Señor no busca personas sobresalientes, sino gente que esté dispuesta a seguirlo. La victoria viene por fe. Tu manera de razonar no limita a Dios. Basta una persona llena del Espíritu para cambiar la situación. Un escritor dijo: «No es solo porque peleen con mayor valor o acaten órdenes de inmediato, sino porque a Dios le agrada vindicar a un grupo así, por más pequeño que sea, porque su única esperanza de vencer está en Él. El Señor no quiere que nos jactemos de salvarnos por nuestras propias fuerzas, sino que se deleita en que Su pueblo, gracias a Su salvación, celebre las victorias que parecían imposibles».

Respecto a la fe, Ron Dunn escribe:

Podemos dividir la fe en tres categorías. En primer lugar, está la clase de fe que dice: «Dios puede». Creemos que puede hacer cualquier cosa. Nada es demasiado difícil para Él...

Sin embargo, no es la clase de fe victoriosa de la que habla la Biblia. Es pasiva y no logra nada. También está la fe que dice: «Dios lo hará». Es mejor, pero todavía no alcanza el ideal bíblico... La fe descrita en Hebreos 11:1 no cree solo que Dios puede y que Dios lo hará. Cree que Dios ya lo hizo. Esta clase de fe declara que ya se cumplió. En lugar de esperar que Dios provea, lo da por hecho... Cualquiera puede creer que tiene algo cuando lo recibe. Eso es caminar por vista y no por fe. La fe bíblica es creer que tienes algo antes de recibirlo. Crees que lo tienes porque Dios lo dice y no porque lo ves en tu mano.[6]

A la luz de estas palabras, lee cuidadosamente las siguientes promesas a Gedeón:

Jehová está contigo, varón esforzado y valiente. (Jue. 6:12)

Y mirándole Jehová, le dijo: Ve con esta tu fuerza, y salvarás a Israel de la mano de los madianitas. ¿No te envío yo? (Jue. 6:14)

Jehová le dijo: Ciertamente yo estaré contigo, y derrotarás a los madianitas como a un solo hombre. (Jue. 6:16)

Entonces Jehová dijo a Gedeón: Con estos trescientos hombres que lamieron el agua os salvaré, y entregaré a los madianitas en tus manos; y váyase toda la demás gente cada uno a su lugar. (Jue. 7:7)

Aconteció que aquella noche Jehová le dijo: Levántate, y desciende al campamento; porque yo lo he entregado en tus manos (Jue. 7:9)

¿Estás frente a una situación que parece imposible? ¿Parece que el enemigo es superior? ¿Te sientes inferior, indefenso o insignificante? Sé fuerte. Ármate de valor. Deja que el Espíritu de Dios te llene de poder y valor con Su Palabra.

Capítulo 5

LA VALENTÍA DE HACER FRENTE A UN FUTURO INCIERTO

«Respondió Rut: No me ruegues que te deje, y me aparte de ti; porque a dondequiera que tú fueres, iré yo, y dondequiera que vivieres, viviré. Tu pueblo será mi pueblo, y tu Dios mi Dios… Donde tú murieres, moriré yo, y allí seré sepultada; así me haga Jehová, y aun me añada, que sólo la muerte hará separación entre nosotras dos». (Rut 1:16-17)

«La gente que atraviesa algo así y aprende a confiar en el Señor encuentra un consuelo y una intimidad con Dios que la mayoría nunca experimenta… Dios no nos promete una explicación, pero sí promete caminar a nuestro lado en el dolor».

—Pastor Rogers, *Valientes*

Me encantan las mujeres de *Valientes*. Las esposas, Victoria Mitchell (Renee Jewell), Carmen Martinez (Angelita Nelson) y Kayla Hayes (Eleanor Brown), representan mujeres que enfrentan distintas crisis de fe. En toda familia, hay situaciones y circunstancias que las ponen a prueba y las hacen temer.

El miedo puede bloquearte o destruirte. En las épocas difíciles, a menudo nos paraliza el temor a lo desconocido. Como es una fuerza tan poderosa, abordamos este tema varias veces en nuestras películas de Sherwood Pictures. En *Flywheel* [El viaje de la vida], tratamos el temor de perder todas las posesiones y el respeto de un hijo. En *Desafiando gigantes*, abordamos el temor al fracaso, la infertilidad y la pérdida del empleo. En *A prueba de fuego*, tratamos el temor a un fracaso matrimonial. Y en *Valientes*, hablamos de temores que bombardean a los padres en distintos ámbitos.

El temor es creer una mentira, escuchar voces negativas y no confiar en la Palabra de Dios. Como dice mi querido amigo Manley Beasley, la fe es «creer que es así cuando no lo es, para que pueda serlo porque Dios lo dijo». La fe es el temor que ha orado. En la historia de Rut, encontramos una situación donde el temor podría haber destruido a dos mujeres y hasta el curso de una nación. Aunque Rut es una historia de increíble valor, en los primeros versículos encontramos una mujer que se enfrenta a una vida eclipsada por la muerte. Es una historia de hambre, dolor e incertidumbre.

Ya sea ante la muerte de un hijo, el fin de un matrimonio o de un sueño, muchos deben enfrentarse a un futuro incierto. Una de mis personas preferidas en el mundo es Kasey Ewing, hija de mis amigos de toda la vida, Charles y Penny Lowery. Junto con su esposo Brad, sirven en la primera iglesia bautista de la ciudad de Bossier en Louisiana. Son factores de cambio, pero sus vidas han estado llenas de la clase de dolor que uno ruega que jamás le toque.

Al igual que Rut, sus vidas fueron marcadas por la muerte y por un futuro incierto, pero mantuvieron su valor. Kasey relata su historia:

En agosto de 2001, una radiante tarde de domingo, nuestras vidas cambiaron para siempre. Acabábamos de volver a casa luego de almorzar. Brad tenía que regresar a la iglesia, así que me bajé del auto junto con los niños. Los llevé a la casa, pero el más pequeño no me siguió; salió corriendo por detrás del vehículo para ir con su papá.

El auto lo embistió. Estalló el caos, llegaron vecinos a toda prisa, llamaron a una ambulancia y la familia llegó al lugar. Brad fue en la ambulancia con Jake que gritaba llamando a su papá, mientras entraba y salía de un estado inconsciente. Ese día, Jacob «Jake» Gunner Ewing se encontró cara a cara con su Padre celestial.

El Dr. Fred Lowery (el tío de Kasey), dijo en el funeral: «Jake corrió para encontrarse con su padre terrenal, y los brazos de su Padre celestial lo recibieron». Al mirar atrás, veo que hubo un giro peligroso en mi interior luego de la muerte de Jake. Fingía muy bien. Estaba rodeada de muchas personas que amaba y no dejaría de amar, pero si pudiera controlarlo, no permitiría que nada volviera a lastimarme. Comencé a ver a las personas como posibles sufrimientos, así que me desconecté mentalmente.

En el fondo, creía que si podía dejar de sentir, quizás el dolor desaparecería. Construí una muralla, quizás incluso una fortaleza, alrededor de mi corazón.

Nunca fui alguien que se enojara con Dios. Lloraba, pero casi nunca mostraba mis sentimientos en público. Sufría, pero rara vez lo admitía. Sentía que debía ser fuerte, tenía que probar que estaba bien. Sentía el peso de mi respuesta frente a la muerte de Jake como una responsabilidad personal ante el resto del mundo. En silencio, supuse que debía ser fuerte y estoica, por temor a que los demás dudaran de la bondad de Dios. Junto con mi dolor, llevé una carga que no podía soportar.

Poco menos de dos años después de la muerte de Jake, quedé embarazada de Jackson. Me aterraba amarlo, pero no podía evitarlo. Jackson es la clase de niño que exige que lo ames con todo tu ser. Fue exactamente lo que necesitaba para obligarme a sentir. No tuve que tomar la decisión. Él demandó y recibió todo mi corazón. Era demasiado maravilloso como para negarle mi afecto.

Dios es fiel para ampliar las ventanas en mi pared, y dejar que poco a poco entre luz. Una coraza no es la respuesta. Exponerse lo es.

La historia de Rut es una de las más inspiradoras que se hayan escrito. Se desarrolla como grietas en una pared. Ocurre durante la época de los jueces y comienza con tres funerales y un período de hambruna. El período de los jueces fue deprimente. Ahora, la depresión se volvió personal. La oscuridad rodeaba a estas mujeres por todas partes. La muerte de sus esposos dejó a Noemí y a sus nueras, Orfa y Rut, sumidas en el dolor. La muerte suele hacer que lo desconocido parezca insoportable. Las emboscadas emocionales son reales. Sea la muerte de un padre, un hijo o un cónyuge, el dolor es real.

La historia de Rut nos alienta a ser valientes. Tendría que ser un rayo de esperanza para cualquier etapa difícil. Nos dice que Dios domina y predomina. Nos recuerda que Él sabe lo que sucede en la vida, por más insignificante que parezca.

Si alguna vez sufriste la muerte de un ser querido, no te costará identificarte con la historia de Rut. Este relato de duelo se transforma en una crónica de bendición. Ni Noemí ni Rut lo sabían en ese momento. Rut era una moabita casada con un israelita de Judá. La Escritura no menciona el compromiso espiritual de su esposo. No obstante, ¿qué haría luego de su muerte? Las malas noticias no dejaban de acosarla. La muerte, la oscuridad, el dolor, el temor y el sufrimiento formaban parte de su dieta cotidiana. Sin embargo, todo tiene su propósito en la economía divina.

Para empeorar las cosas, su suegra y su cuñada también estaban de duelo. Seguramente, los demás les ofrecieron palabras de consuelo trilladas como: «Saldrás adelante», pero no se sale. O «El tiempo sana todas las heridas», pero no las sana. «Los recuerdos permanecen siempre», pero lo que tú quieres es carne y hueso para abrazar y sujetar.

Noemí decidió regresar a Belén, el pueblito que habían dejado atrás con su esposo Elimelec debido al hambre. Rut estaba decidida a ir con ella. Esto requería valentía. No era una decisión fácil. No tenían forma de ganar dinero. Dos mujeres que viajaban solas podrían haber sido asaltadas y dejadas por muertas en un callejón o un valle oscuro. Recordemos que Belén había sido el escenario de una violación en pandilla (Jue. 19). Y como Rut era una moabita aborrecida, ningún judío habría sentido la obligación de ayudarla.

Es irónico que *Belén* signifique «casa de pan». Noemí y su familia habían abandonado su hogar porque no había pan. Ahora, cuando Noemí y Rut regresaron a la tierra prometida de Dios, comenzaba la época de cosecha (ver 1:22). Quizás estés atravesando un período de sequía. Tu vida puede estar agobiada por la sequía y la hambruna. Tal vez, la sequía sea financiera o espiritual; pero anímate. Rut nos recuerda que hay esperanza en los momentos más oscuros.

Orfa decidió tomar el camino seguro y quedarse en Moab. Rut escogió el trayecto más difícil, sin la menor idea de cómo la recibirían en Belén (ver Rut 1:16-22). Toda la historia gira en torno a la respuesta abnegada de Rut a Noemí. Su disposición de seguir a su suegra les traería bendición a ambas y, en última instancia, a Israel y a todos los que creyeran. Rut demostró más fe que el pueblo de Israel de entonces.

Dios le dijo a Su pueblo: «Mi presencia irá contigo dondequiera que vayas». Rut le dijo a Noemí: «Dondequiera que tú fueres, iré yo, y dondequiera que vivieres, viviré». Dios dijo: «Yo seré vuestro

Dios, y vosotros seréis mi pueblo». Rut dijo: «Tu pueblo será mi pueblo, y tu Dios será mi Dios». Rut demostró una fe increíble en medio de una tremenda prueba. Sus palabras representaron un pacto que invocaba una maldición sobre ella si no cumplía su promesa. Además, esta respuesta tenía repercusiones legales. Al parecer, se trataba de dos mujeres insignificantes y una decisión insignificante, pero fue uno de los momentos claves de la historia de la redención.

Rut aceptó al Dios de Abraham, Isaac y Jacob. Frente a la oportunidad de volver a la idolatría y a los dioses tribales, ella escogió al Dios de Israel. Al decidir acompañar a Noemí, profesó públicamente y con audacia: «Tu Dios será mi Dios». Rut tomó una decisión intencional. Afirmó sus convicciones y nada la persuadiría de cambiar de opinión.

Noemí no alentó a Rut a tener fe. En el viaje a Belén, fue quejándose de lo que le había tocado vivir. Ya no quería que la llamaran *Noemí*, que significa «placentera», sino *Mara*, que significa «amarga». Noemí creyó que Dios había sido injusto con ella, y lo acusó con el dedo. «Y ella les respondía: No me llaméis Noemí, sino llamadme Mara; porque en grande amargura me ha puesto el Todopoderoso. Yo me fui llena, pero Jehová me ha vuelto con las manos vacías. ¿Por qué me llamaréis Noemí, ya que Jehová ha dado testimonio contra mí, y el Todopoderoso me ha afligido?» (1:20-21). Noemí había levantado muros alrededor de su vida. No intentaba disimular sus heridas.

Es fácil asumir esta actitud, en especial en nuestra cultura obsesionada con los derechos personales, o si sientes que no te ha tocado una tajada del sueño americano. «El mundo está en deuda conmigo». «Dios me debe». «Merezco algo mejor». «Debería tener más». Cuando la vida te golpea con lo inesperado, puedes decidir responder como Noemí o como Rut.

Al referirse a Dios como «Jehová», Su nombre del pacto, lo acusó de no cumplir Su palabra. Creía que Dios había dirigido mal su vida. Sin embargo, Rut se sobrepuso a la actitud de su suegra y no se dejó contagiar por la amargura. La valentía de sus afirmaciones se cita hasta el día de hoy.

Warren Wiersbe escribe: «Vivía en una familia judía que mostraba poca fe en el Dios a quien profesaba servir. Noemí dejó que las circunstancias la amargaran. Rut permitió que la edificaran. Su actitud trajo como consecuencia una bendición sin medida».[1]

Rut actuó con valentía, aunque no tenía ninguna promesa de bendición a que aferrarse. No tenía esposo, hijos, ni manera de ganarse el sustento. Sería una extraña en tierra lejana.

Siempre admiré la historia de una joven soltera llamada Corrie ten Boom. Sin duda, fue una mujer valiente, de una familia que pagó el precio de su fe por haber escondido judíos en su hogar en Holanda para ayudarlos a escapar de la persecución nazi. El 28 de febrero de 1944, alguien los denunció a la Gestapo. Allanaron la casa y encarcelaron a la familia.

A Casper, el padre de Corrie, le dijeron que podía sufrir la pena de muerte por haber ayudado a los judíos. Él contestó: «Sería un honor dar la vida por el pueblo escogido de Dios». Murió 10 días luego de su arresto, a los 84 años. A Corrie y su hermana Betsie las detuvieron en tres prisiones distintas antes de enviarlas al campo de concentración de Ravensbruck, cerca de Berlín. Al final, cuatro miembros de la familia ten Boom dieron la vida por salvar a otros.

Luego de su milagrosa liberación a fines de 1944, Corrie regresó a Holanda y dedicó su vida a esta idea: no hay dolor tan profundo que el amor de Dios no pueda alcanzar. Comenzó un ministerio mundial y viajó a más de 60 países en los siguientes 33 años.

Corrie murió el 15 de abril de 1983, al cumplir 91 años. Según la tradición judía, solo las personas que Dios bendice especialmente tienen el privilegio de morir en la misma fecha en que nacieron. Corrie ten Boom fue una mujer de fe y valentía. Superó circunstancias insoportables y vivió en medio de persecución y muerte.

A medida que avanzó la historia de Rut (y la provisión soberana de Dios), ella tuvo que encontrar la manera de subsistir. Mientras Rut espigaba «por casualidad» en los campos, Dios usó a un hombre llamado Booz para representar la gracia: «Y dio la casualidad de que el campo donde estaba trabajando pertenecía a Booz» (2:3, NVI).

Booz le permitió a Rut que espigara en su campo. Incluso se ocupó de que tuviera agua y provisiones, porque se había enterado de su amor por Noemí. Les ordenó a los segadores que espigaran las gavillas y que dejaran caer algo de cebada para que Rut tuviera más comida.

Ella le dijo: «¿Por qué he hallado gracia en tus ojos para que me reconozcas, siendo yo extranjera? Y respondiendo Booz le dijo: He sabido todo lo que has hecho con tu suegra después de la muerte de tu marido, y que dejando a tu padre y a tu madre y la tierra donde naciste, has venido a un pueblo que no conociste antes. Jehová recompense tu obra, y tu remuneración sea cumplida de parte de Jehová Dios de Israel, bajo cuyas alas has venido a refugiarte» (2:10-12).

Rut preguntó por qué había hallado *gracia*, que es «el favor y la misericordia inmerecidos de Dios para los Suyos». Rut reconoció que Booz era un hombre piadoso y, a su vez, él reconoció la fe de esta mujer en Dios. El Señor usó a este hombre para cambiar el rumbo de las vidas de Rut y Noemí. La esperanza asomó en el horizonte cuando Booz se interesó en Rut y la cuidó.

Al final, Booz se transformaría en el *pariente cercano* o redentor de la moabita. El término *pariente* se usa once veces en esta historia. El *Dictionary of Biblical Imagery* [Diccionario de simbolismo bíblico] observa:

El pariente cercano era pariente de sangre y siempre era hombre. Este redentor cercano (o uno de ellos, en caso de haber muchos) tenía la obligación de proteger a sus familiares más débiles. Debía redimir la propiedad que le pertenecía a sus parientes cuando tenían que vender la tierra o sus bienes

(Lev. 25:23-25) y aun a las personas, si debían venderse como esclavos (Lev. 25:47-55). Por ejemplo, Jeremías compró tierra que le pertenecía a su primo Anatot, porque era el pariente cercano (Jer. 32). En el caso de Rut, era necesario que el pariente más cercano renunciara a su derecho y obligación a favor de Booz (Rut 4:6). El pariente redentor también tenía que defender o ayudar a su familiar en un problema legal o una contienda. Esto añade significado a lo que dijo Job, anticipando al Redentor que estaba con él (Job 19:25), y pone de relieve lo que hizo el Señor, al defender a Su pueblo cuando nadie más lo ayudaba (Isa. 59:15b-20). La obra redentora de Dios probó Su relación de familia con los que salvaría.[2]

Rut le recordó a Booz que era su pariente cercano. Lo escogió a pesar de que era mayor que ella. Al redimirla, Booz se casó con ella. Había otro pariente cercano, pero no le interesaba cumplir con sus obligaciones. Booz estaba dispuesto a hacerse responsable.

En el capítulo 1, Rut ni sabía que Booz existía. En el capítulo 2, fue su benefactor y se transformó en su protector. En el capítulo 3, comenzó una relación entre ellos. En el capítulo 4, Booz aseguró el futuro de Rut al ir a la puerta de la ciudad y hacer lo necesario para cumplir con su función. Si en la Escritura hay una historia del estilo «Cenicienta conoce a su príncipe», es la de Rut.

Todo comenzó cuando Noemí sugirió una costumbre que suele incomodar a los lectores, pero que era aceptable para el pueblo de Dios entonces. No se sugiere que haya sucedido nada inmoral. Rut simplemente convocó a Booz a aceptar su responsabilidad dada por Dios. Warren Wiersbe escribe: «A veces, nos "despertamos" de golpe. Podemos encontrarnos con algo agradable o desagradable. Adán despertó y descubrió que Dios le había hecho una esposa. ¡Jacob despertó y descubrió que estaba casado con la mujer equivocada! Booz despertó en medio de la noche y descubrió una mujer dormida a sus pies».[3]

En Génesis 38 y Deuteronomio 25, aprendemos que era fundamental la preservación del nombre familiar. Si un hombre moría sin heredero, se tomaban medidas para asegurar que alguien continuara su nombre y heredara su propiedad. Dios exigía que la viuda se casara con uno de los parientes de su difunto esposo. Ni Noemí ni Rut tenían un heredero, así que Rut apeló a Booz para que fuera su pariente cercano. Ya no se vestiría de luto. Era hora de dejar atrás el pasado. Primero, se colocó bajo el ala protectora de Dios, y luego bajo el cuidado de su redentor, Booz (Rut 3:9-13).

Rut no quiso pasar el resto de su vida revolcándose en el dolor y la autocompasión. En cambio, le puso acción a sus oraciones y obras a su fe. Esa noche, acostada a los pies de Booz, se colocó en una posición de sumisión y rendición, en primer lugar a la voluntad de Dios para su vida. No leas esta parte de la historia con ojos del siglo XXI. Léela en el contexto de la época y del pacto. Rut es un modelo de piedad, audacia y fe. Se acercó a Booz y dijo: «Gracias por orar por mí, pero seamos sinceros, eres mi pariente redentor. Es tu obligación cumplir el pacto. Booz, eres la respuesta a nuestras oraciones». La fe exige valentía. Se arriesga y actúa según la Palabra de Dios.

Como pastor, escucho mujeres que ruegan que sus esposos asuman su responsabilidad y se transformen en líderes espirituales. Anhelan que el hombre de la casa sea piadoso. Quieren que sus esposos tomen el volante, que sus hijos vean en su padre un líder espiritual, que sus esposos las amen *y guíen el hogar.*

El romance de Martín Lutero y su esposa Katherine es una verdadera historia de amor. Él la llamaba: «Kitty, mi costilla». Katherine había sido monja, pero había abandonado el convento y vivía en Wittenberg. Lutero intentó ayudarla a encontrar esposo, pero ella se negó. Dos años después, Katherine le informó al Dr. Lutero que si le pedía su mano en matrimonio, ella lo aceptaría.

El 13 de junio de 1525, Martín y Katherine se casaron. Él tenía 45 años, ella 25. Fue un matrimonio increíble que acabó con el concepto de que los hombres en el ministerio tenían que ser solteros y célibes. Katherine era una mujer diligente en muchas maneras y se las arregló para alimentar a su familia, ya que Lutero no aceptaba las regalías de sus libros. Además, crió seis hijos y, a veces, se ocupaba de sus once sobrinos y de visitas constantes. Gracias a ella, Lutero tuvo la libertad de impactar al mundo.

Admiro a las mujeres fuertes. Mi esposa es una mujer tranquila pero fuerte. No creo que la Biblia llame a las mujeres a ser un felpudo. Someterse no significa ser inferior. A lo largo de la historia, las mujeres fuertes han cambiado el mundo para Cristo. Muchas tuvieron la valentía de sobresalir en una época en que se trataba a las mujeres como ciudadanas de segunda clase. Si la valentía comienza en casa, también debe estar presente en las esposas, las madres y las hijas, así como en los esposos, los padres y los hijos.

Hace varios años, conocí a una mujer maravillosa. Terri y yo estábamos en Nueva México para hablar en una conferencia, y conocimos a una mujer increíble llamada Rose. Es una misionera de los Bautistas del Sur en Estados Unidos. Cuando relató su historia, comenzamos a llorar. Mas que una sobreviviente, Rose es una vencedora. Florece en el desierto. Refleja la abundancia de Cristo en una reserva de la tribu navajo. Sus amigos y su familia la llaman «Señora Moisés».

Rose proviene de la tribu navajo, y su nombre significa «me tomo mi tiempo para nacer». Sus padres eran alcohólicos. Su madre murió cuando Rose tenía trece años. El 4 de marzo de 1964, se dirigió con su hermanita de ocho años a buscar la casa de unos tíos, sin saber que se aproximaba una ventisca de nieve. Las muchachas se bajaron en la parada del autobús y comenzaron a caminar. En el camino, se desató la tormenta. Las chicas no tenían abrigo para semejantes condiciones climáticas. La hermana de Rose murió esa noche. Al día siguiente, encontraron a las hermanas en un banco de nieve de más de un metro de alto (cuatro pies), junto a los perros de su tío. Rose dijo: «Hacía muchísimo frío. Se me estaba congelando el cuerpo. Mientras dormía, muerta de frío, escuché una voz. Vi una pizarra enmarcada, que tenía algo escrito. Decía: "Cree en el Señor Jesucristo, y serás salvo" (ver Hech. 16:31). Nunca antes había visto ese pasaje. Nunca había leído la Biblia».

Estuvo en coma durante tres días, sin saber que su hermana había muerto. La hospitalizaron durante dos meses y medio, porque tenía heridas severas en los pies a causa del frío. Un viernes, Rose escuchó que un medico decía que le amputarían el pie. Hasta entonces, había tenido las piernas tapadas y no las había visto. Se miró el pie izquierdo: tenía el tamaño de una pelota de fútbol. Acostada sobre la almohada, Rose oró en su lengua madre: «Dios, salvaste mi vida del clima helado. Te acepto. Quiero seguirte cueste lo que cueste. Caminaré contigo. Creo de verdad. Por favor, sana mi pie». Cuando el doctor le revisó el pie ese domingo, estaba sano.

Una vez que salió del hospital, se fue a vivir con sus tíos, pero no estaban de acuerdo que hubiera adoptado la «religión del hombre blanco». Acabaron por echarla de su casa, pero el pastor de la iglesia misionera bautista la aceptó en su hogar.

Rose nunca se casó. «Mi ministerio está con los navajos», dice. Vive en la reserva, ministrando a Cristo a estas personas. Enseña una clase semanal a mujeres y adolescentes navajos porque quiere que puedan leer la Biblia en su lengua nativa. Rose invierte mucho tiempo yendo de puerta en puerta para compartir el amor de Cristo. Gracias a su testimonio fiel, el padre de Rose aceptó a Cristo y muchos de sus parientes conocen ahora al Señor. Hoy, sigue comunicando su fe y está grabando el Nuevo Testamento en navajo.[4]

Puede surgir vida de la muerte. Rut y Booz se casaron y tuvieron un hijo, Obed. Fue el padre de Isaí, quien engendró a David. El pueblito aletargado de Belén se hizo famoso. La «casa de pan» sería al fin el lugar donde nacería el Pan de vida. Rut pasó a formar parte de la genealogía de Jesucristo (Mat. 1:5).

Podemos enfrentar con valentía un futuro incierto, una gran pérdida o una tragedia y dolor inesperados, cuando sabemos que nuestro Padre celestial se ocupa de nosotros y transforma la muerte en vida.

Capítulo 6

EN BUSCA DE UNA GENERACIÓN DE VALIENTES

*«Ninguno tenga en poco tu juventud, sino sé
ejemplo de los creyentes en palabra, conducta, amor,
espíritu, fe y pureza». (1 Timoteo 4:12)*

*«Mi anhelo es que busques al Señor y que confíes en
Él aunque nadie más te apoye... ¿Comprendes?»*

—Adam Mitchell a su hijo adolescente Dylan, *Valientes*

Antes de comenzar el pastorado, fui ministro de jóvenes durante quince años. Fue una bendición estar cuando comenzó el énfasis en el discipulado. Nunca quise ser un «niñero» de jóvenes. No me interesaba malcriar a mis estudiantes porque creía (y todavía lo hago) que necesitaban desafíos.

Quería que mis estudiantes fueran valientes en sus escuelas. Hoy, decenas de hombres y mujeres que pasaron por nuestro ministerio sirven al Señor. De vez en cuando, recibo mensajes de texto, correos electrónicos o mensajes en Twitter de parte de ellos para contarme lo que Dios hace en sus vidas.

A menudo, escuchamos que los discípulos de Jesús podrían haber sido adolescentes. Si Jesús les confió Su mensaje a adolescentes, ¿por qué nosotros intentamos entretenerlos? Él creyó que no tendrían dificultad con la verdad y un ministerio mundial, pero nosotros no sabemos si se comportarán bien una hora. ¿Qué cambió? Creo que la respuesta puede resumirse en una palabra: expectativas. No esperamos demasiado, entonces no nos defraudan.

Yo tengo altas expectativas para esta generación. No podemos cambiar la cultura y alcanzar las naciones si no esperamos que nuestros jóvenes estén a la altura del desafío. Sammy Tippitt me contó la siguiente historia:

Antes del colapso del comunismo y de la caída del muro de Berlín, Alemania era una nación dividida. Los alemanes occidentales creían en la libertad, mientras que los alemanes del este vivían bajo la estricta ideología del comunismo. Berlín era una de las ciudades más singulares del mundo, dividida por el muro de Berlín. Sobre el lado de Alemania del Este, había torres con soldados listos para dispararles a los que intentaran escapar al oeste.

Los cristianos eran un blanco predilecto para la persecución. Catedrales inmensas habían quedado prácticamente vacías por la presión comunista. Los jóvenes debían decidir, a los catorce años, si serían parte de la Juventud Libre Alemana (una organización juvenil comunista) o si asistirían a la iglesia. Optar por la iglesia limitaba mucho sus oportunidades educativas. Por eso, los jóvenes abandonaron en masa la iglesia.

En ese contexto, yo (Sammy) les ministré a los jóvenes de Alemania del Este, aunque era ilegal que se encontraran conmigo. Una vez, me encontré en secreto con un grupo de jóvenes en el sótano de un viejo castillo. Los alenté a que siguieran a Jesús de todo corazón. Al finalizar el estudio bíblico, una joven vino a decirme, con lágrimas en los ojos: «Soy nueva en la fe. Pero tengo pecado en mi vida y no sé qué hacer». Comenzó a sollozar, a confesar y a arrepentirse de sus pecados, y le pidió a Dios que le ayudara a servirlo de verdad. Clamó: «Estoy dispuesta a servirte y a seguirte». Y luego añadió: «Cueste lo que cueste». El resto de los jóvenes se arrodillaron y también clamaron a Dios con el corazón rendido, y terminaron con la misma frase: «Cueste lo que cueste».

Había ido con dos amigos a Alemania del Este a ministrarles a estos jóvenes. En realidad, ellos nos ministraron a nosotros. Nos enseñaron el significado de la verdadera valentía. Se enfrentaban a la pérdida de la educación, a la posibilidad de la pobreza y a un futuro lleno de dificultades. Sin embargo, oraron: «Cueste lo que cueste». Su valentía provenía de la cruz.

¿Qué produjo? Un espíritu de avivamiento se apoderó de la juventud en Alemania del Este. Dos años después de esa reunión, volví a hablar con los jóvenes de su ciudad, Dresde. Esta vez, había más de 2000 personas en la reunión. Varios años después, cayó el muro de Berlín. Estoy seguro de que la valentía de esos jóvenes tuvo que ver con la libertad que llegó a la nación. Fue el poder de su oración: «Cueste lo que cueste».

Le pido a Dios que levante jóvenes en esta tierra que oren para que Dios los use sin medir costos. Thom y Jess Rainer, en su libro *The Millennials* [La generación del milenio], declaran que para muchos «mileniales» (jóvenes nacidos entre 1980 y 1990), el cristianismo es una reliquia familiar y no un compromiso de fe. Su investigación descubrió que solo el 13% de los mileniales mencionan la religión, la fe o la espiritualidad como parte importante de sus vidas. Solo el 65% de estos jóvenes estaban dispuestos a llamarse cristianos, incluso en el sentido más amplio de la palabra.

La creencia más común de esta generación sobre la vida después de la muerte es que «nadie sabe en realidad» (34%). El análisis de la investigación de Thom y Jess Rainer revela que el 67% de los mileniales rara vez o nunca leyeron la Biblia, la Torá, el Corán u otros escritos sagrados. A la luz de esta información, ¿acaso puede sorprendernos la decadencia de nuestra cultura? Solo el 46% afirma que Dios es un ser real y no un mero concepto. Cuatro de cada diez aseguran que Satanás no es un ser real sino solo un símbolo del mal. La mitad de los mileniales creen que cuando Jesús vino a la Tierra, pecó como cualquier otra persona, y la mitad acepta que Jesús es el único camino al cielo.[1]

Toda esta investigación ilustra la necesidad de un movimiento arrollador de Dios entre los jóvenes de hoy. Necesitamos que remueva el corazón de esta generación, como lo hizo en los cuarenta, durante los días de Juventud para Cristo, o en los setenta con el *Jesus Movement*. Necesitamos más avivamientos universitarios como el de la universidad de Asbury. Estos movimientos cambiaron vidas, impactaron una generación y sacudieron la iglesia. De ellos, salieron algunos de los grandes líderes cristianos de hoy. ¿Adónde están los estudiantes universitarios dispuestos a cambiar su generación?

El término *adolescente* es relativamente nuevo. En su libro *Do Hard Things* [Haz cosas difíciles], Alex y Brett Harris observan que el primer uso documentado de la palabra *adolescente* se registró en una publicación de *Reader's Digest* en 1941, menos de 75 años atrás.[2] Es una edad que el mercado observa y estudia, son consumidores. Antes de mediados del siglo xx, los adolescentes eran, en cierta forma, inexistentes. Los chicos iban a la escuela, trabajaban en la granja o aprendían un oficio. Había poco tiempo para actividades extracurriculares. Se vestían en forma similar a los adultos. ¡Cómo han cambiado las cosas!

El tiempo entre la infancia y la madurez es difícil. No es fácil ser adolescente. Pero debemos levantar una generación de valientes que tomen su lugar y acepten sus responsabilidades. Podemos cambiar de rumbo.

Debido a la decadencia en el hogar y la influencia de los medios de comunicación y el entretenimiento, los estudiantes languidecen en un sumidero de incertidumbre. No tienen identidad ni propósito. No comprenden que hay absolutos. Si creen en algo, quizás no puedan definirlo ni expresarlo. Además, desconocen la Biblia. Hace falta un cambio radical para que comiencen a pensar bíblicamente.

La iglesia envejecida nos está llevando al cementerio. Dondequiera que voy, desafío a los pastores y las iglesias a alcanzar a la próxima generación. Desafié a mi iglesia a ser una congregación que acepte a todas las generaciones. Un lugar donde un chico marginado se sienta como en casa. Un invernadero para desarrollar la próxima generación de evangelistas y misioneros. Le pido a Dios que nos dé un laicado con diversidad de profesiones: personas que sean primeramente discípulos, bien disfrazados de banqueros, empleados de ventas, camareras, maestros y médicos. Mi anhelo es que esta generación vea su trabajo como un medio para pagar las cuentas, y perciban su llamado a ser factores de cambio para el evangelio.

Doy gracias por los adultos que sirvieron en los ministerios para niños y jóvenes mientras mis hijas crecían. Doy gracias por líderes como Jay Strack, fundador y presidente de la *Student Leadership University* [Universidad de liderazgo estudiantil], quien creyó que era hora de dedicarnos a los estudiantes para formar líderes. Por la gracia de Dios, nuestras dos hijas decidieron servir al Señor.

Erin usa sus talentos en el mundo del entretenimiento, y Hayley es una escritora y fotógrafa talentosa, interesada en las misiones y los huérfanos.

Terri y yo hemos disfrutado al observar cómo nuestras hijas crecían sustentadas y amonestadas por el Señor. Nunca esperamos que fueran buenas solo porque yo era pastor. Esperamos que tuvieran un temor saludable de Dios. Por Su gracia, nunca experimentamos los años desagradables de rebelión y resentimiento.

Les enseñamos a nuestras hijas que la rebelión nunca era contra nuestras opiniones, sino contra la autoridad de Dios. Como padre de un pequeñito, un niño o un adolescente, tienes instrucciones claras de tutelar con sabiduría las vidas a tu cargo. No puedes trasmitirle esta tarea a la escuela o a la iglesia. Dales el aliento que necesitan para defender lo importante.

Aunque sé que no hay garantías contra un hijo perdido, los padres no deben prepararse para el fracaso. Si queremos ver una generación de chicos valientes, todo debe comenzar con padres que les inculquen a sus hijos una mentalidad de «no importa lo que cueste». Seguir a Cristo no tiene que ser una opción entre muchas en tu hogar. Si así fuera, te esperan angustias y dolores de cabeza.

En la película *Valientes*, Adam, uno de los padres, tiene un problema con su hijo Dylan, un típico adolescente de quince años. Dylan siente que su padre ama a su hermana menor más que a él. Tiene que respetar a su padre, y Adam debe aprender a comunicarse con su hijo. Nos muestra en forma genuina cómo incluso en una familia cristiana la vida no es perfecta, y edificar el carácter de nuestros hijos conlleva esfuerzo. Nunca diría que no habrá problemas y desafíos, pero la adolescencia no tiene por qué ser letal y agobiante. Cuanto más participen los padres (sin entrometerse) en la vida de sus hijos, es más probable que criemos una generación valiente.

Al pensar en una persona joven que dejó huella, me viene a la mente Daniel. Es un ejemplo excelente para la generación del milenio. Nabucodonosor quería tener algunos de los jóvenes israelitas en su corte. En lugar de matar a todos, le pidió a su ayudante que encontrara algunos jóvenes responsables. Le ordenó que buscara muchachos que se destacaran entre sus pares, jóvenes prometedores a quienes someter a un curso acelerado de cultura caldea (ver Dan. 1:1-4).

Muchos eruditos creen que estos jóvenes tenían entre 13 y 16 años. Los llevaron al palacio para lavarles el cerebro con la cultura impía de Babilonia. Todo lo que creían se vería cuestionado, y tendrían que enfrentar una intensa presión de sus pares. Sin embargo, observa lo que dice la Escritura sobre Daniel: «Y Daniel propuso en su corazón no contaminarse…» (1:8). Daniel hizo un pacto en su corazón: él no cedería a la cultura.

Entre los miles de jóvenes que llegaron a la tierra, hubo dos que sobresalieron: Ezequiel y Daniel. Eran dos muchachos piadosos. Daniel tenía la única cualidad necesaria para remontarse espiritualmente: valentía. Se atrevió a defender lo que creía. Su valor no fue momentáneo; era su estilo de vida.

Necesitamos que surja una generación con la mentalidad de Daniel, Amós, Ezequiel y Juan el Bautista. Necesitamos una generación que tema a Dios más que a los hombres. Daniel es un excelente ejemplo a seguir, sin importar en qué etapa de la vida estés.

A Daniel se lo probó en la mesa del rey en Babilonia (Dan. 1:8ss). Como joven de gran fe, su corazón y su mente estaban sintonizados con Jehová. Aunque solo era un adolescente arrebatado de su casa, separado de sus padres y arrojado a un ambiente extraño, defendió lo que creía. A pesar de enfrentarse a una tremenda presión y a la muerte, no vaciló. La primera prueba lo definió.

La resolución de Daniel animó todas las decisiones que tomó en su vida. Sabía lo que creía y por qué lo creía. Aprendió a vivir de acuerdo a la Palabra de Dios. Como dijo alguien una vez sobre la Escritura: «Conócela con la cabeza, guárdala en el corazón, muéstrala en la vida y siémbrala en el mundo».

Comer la carne del rey y beber de su vino habría sido una violación de la ley judía. Daniel sabía que formar parte de eso habría sido una señal de claudicación e incluso de complacencia. Por tanto, decidió no participar. Imagina no aprovechar una comida digna de un rey para honrar al Dios invisible. Daniel tenía la convicción de que era lo correcto. Se mantuvo firme, y su decisión tuvo sus frutos (ver Dan. 1:12-19). Hasta el rey tuvo que admitir que Daniel se destacaba entre los demás.

Nunca está bien hacer el mal; siempre está bien hacer el bien. Que los demás lo hagan no significa que tú debas hacerlo. La mayoría se habría resignado y transigido. Se habrían convencido de comer para sobrevivir, diciendo: «¿Qué tienen de malo unas costillitas? Nadie en casa se enterará. Nuestros padres no nos están controlando». Esa línea de pensamiento ha llevado a más de un estudiante universitario a una pocilga en tierra lejana.

En *Valientes*, conocemos a un joven que busca amor y aceptación, y comienza a mezclarse con pandillas y violencia en su búsqueda de un sentido de familia y de pertenencia. Luego de una fuerte golpiza de iniciación, el líder de la pandilla le dice: «Ahora somos una familia». Los adolescentes de hoy quieren encajar, anhelan un lugar donde sentirse aceptados y amados. Por desgracia, la mayoría no tiene la valentía ni recibe aliento para hacer frente a las presiones sociales y tomar decisiones sabias cuando se enfrentan al mal.

Daniel tuvo una vida con propósito. No tomó decisiones apresuradas. Su fe no era fluctuante. Su apetito por las cosas de Dios le quitó el hambre por lo terrenal. Daniel se apartó de las fiestas, aunque a los babilonios se los conocía por sus excesos físicos. Antes de que Pablo escribiera: «No os conforméis a este siglo» (Rom. 12:2), Daniel ya lo vivía.

Sin embargo, también mantenía un espíritu amable. Ser valiente no significa ser desconsiderado. La audacia no elimina el fruto del Espíritu. Daniel vivió lo que creía con un perfecto equilibrio de audacia y amabilidad.

La guerra espiritual es una batalla de la mente. Daniel se enfrentó a una prueba mental cuando el rey exigió que los sabios interpretaran su sueño. Si fallaban, morirían. Intentaron ganar tiempo con el rey, pero no lo lograron (ver Dan. 2:10-11). Entonces, el rey ordenó que mataran a los sabios. Cuando Daniel se enteró, pidió una audiencia con Nabucodonosor y le dijo que interpretaría su sueño. Entonces, Daniel convocó a sus tres amigos a orar.

Eso sí que es valentía. Lo buscaban para matarlo y él pidió una audiencia con el rey. Fue necesario ser valiente para superar esta prueba. Daniel fue sabio y llamó a sus amigos a orar. Dios le dio una visión de lo que había sucedido en el sueño. No le anunció buenas noticias al rey, pero le dijo la verdad. Mientras que los magos se acobardaron, Daniel enfrentó la situación con valentía. No vaciló, aunque debía comunicar un mensaje de juicio y condenación, y la derrota del Imperio babilónico.

La sinceridad y la veracidad de Daniel produjeron un cambio en el corazón del monarca. «Entonces el rey Nabucodonosor se postró sobre su rostro y se humilló ante Daniel, y mandó que le ofreciesen presentes e incienso» (Dan. 2:46). Si quieres ser valiente, habla a solas con Dios y pídele valor. Él te usará en público si le permites formarte en privado.

En la tercera prueba, encontramos a Daniel en el foso de los leones. Su fe lo llevó allí. Daniel sirvió con fidelidad al Señor, pero el servicio fiel no garantiza inmunidad a las pruebas. El rey Darío estaba por nombrar a Daniel primer ministro de la nación. Por celos y envidia, sus compañeros le tendieron una trampa.

No podían poner en duda la integridad ni el carácter de Daniel, así que diseñaron un plan de ataque (ver Dan. 6:4-10).

Daniel no separaba su fe del resto de su vida, sino que esta definía su misma esencia. Su fe no surgía de la conveniencia, sino de la convicción. Los enemigos de Daniel apostaron al ego del rey, pero Daniel actuó como acostumbraba. Fue a su casa, abrió las ventanas y oró mirando a Jerusalén. Nunca olvidó de dónde venía y jamás comprometió su carácter.

La persona valiente está dispuesta a enfrentar las consecuencias de sus decisiones. Sin importar lo que parezca, nunca estamos solos. A Daniel jamás se le ocurrió hacer concesiones. Ni una vez consideró ser diplomático para evitar el conflicto. Aunque estaba en el foso de los leones, el único que no pudo conciliar el sueño esa noche fue el rey. Daniel durmió como un bebé mientras el monarca daba vueltas en la cama, preguntándose qué le habría sucedido al hombre de Dios.

Daniel tuvo una vida coherente. Hasta hoy, es uno de los ejemplos más importantes y de los líderes más influyentes de la historia humana. En medio de una cultura pagana, este joven probó que se puede creer en Dios.

Uno de los grandes reproches de mi vida es que pasé la adolescencia jugando a la iglesia en lugar de vivir para Dios. Malgasté esos años intentando agradar a personas que nunca se preocuparon por mí. La mayoría de la gente que quieres impresionar en la escuela secundaria no te hablará luego de la graduación. La realidad es que me preocupé demasiado por lo que pensarían de mí, ¡y ellos ni siquiera pensaban en mí! Estaban demasiado absortos en sí mismos.

Esta generación vive en la era posmoderna. La época de la ética judeocristiana quedó atrás. Nuestra cultura es como el camaleón, todos camuflados para no sobresalir. En este ambiente, necesitamos jóvenes mileniales valientes que definan la cultura, y que no permitan que la cultura los defina.

Algunos creen que para vivir para Dios tienen que ser tontos o marginados. Responden con un enfoque legalista a la vida en lugar de una comprensión de equilibrio y orden. Daniel sobresalía entre sus pares. No era extraño, era sabio.

Los mileniales necesitan una visión piadosa. Proverbios 1:7 nos recuerda: «El principio de la sabiduría es el temor de Jehová; los insensatos desprecian la sabiduría y la enseñanza». Si un joven de la generación del milenio quiere dejar huella, deberá aprender a escuchar y a ser sabio. Juan Calvino dijo: «Esta es nuestra sabiduría: ser alumnos hasta el final».[3] La sabiduría no se trata de adquirir información o llenar los espacios en blanco en un cuaderno. Los que poseen verdadera sabiduría no tienen que disculparse por sus acciones. Mi mentor Vance Havner solía decirme: «Si te falta conocimiento, asiste a la escuela. Si te falta sabiduría, ¡arrodíllate!».[4]

Los estudios muestran que entre séptimo y doceavo grado, el adolescente promedio escucha 11.000 horas de música, pero asiste a la escuela solo 7000. Por más que asistiera a la iglesia cada vez que esta abre sus puertas, no alcanzaría para contrarrestar las horas de influencia del mundo. Jim Elliot, un misionero martirizado en Ecuador, escribió el Salmo 119:37 en su diario: «Aparta mis ojos, que no vean la vanidad; avívame en tu camino». A continuación, escribió sobre «el efecto descentralizador (de la televisión) sobre la mente y los afectos. Despierta en mí cuestiones mundanas y contrarresta el propósito de la oración de alentarme en el camino de Dios».

Como pastor joven, tenía dos reglas: (1) En caso de duda, no lo hagas. (2) Ve donde debas ir, en el momento oportuno y haz lo que debas hacer allí. Esas dos reglas cubren casi todas las situaciones de la vida. Tus decisiones determinan tu legado. Daniel escogió con sabiduría.

Billy Graham dijo: «La valentía es contagiosa. Cuando un hombre valiente adopta una postura firme, esto a menudo genera valor en los demás».[5] Mi conclusión como pastor y padre es la siguiente: quiero que la próxima generación vuelva a tomar la tierra que mi generación derrochó. Necesitamos que se levante una generación que se arriesgue por Jesús sin importar lo que cueste. *The New Rebellion Handbook* [El manual de la nueva rebelión] define la *valentía* como «la disposición de llegar hasta el final cuando la visión se ha desvanecido, cuando estás cansado y no hay nadie que te aliente. La valentía es la voluntad tenaz de mantenerte fiel a lo que crees cuando nadie te observa y te enfrentas a la intimidación... La valentía tiene muchas caras. ¿Es la tuya una de ellas?».[6]

Mi oración es que muchos mileniales sean el nuevo rostro de la valentía en nuestra tierra. En el pasado, hemos visto a Dios obrar de manera increíble mediante jóvenes que estaban dispuestos a ser usados por Él. Oro constantemente: «Señor, hazlo otra vez».

Hubo épocas en que Dios levantó gigantes espirituales de una generación joven. Mi amigo Warren Wiersbe cuenta la historia de Juventud para Cristo, uno de estos movimientos.

Juventud para Cristo (JPC) fue un ministerio de fe, impregnado de oración, que produjo sacrificio y servicio. La visión apremiante era alcanzar adolescentes perdidos y colocarlos en iglesias donde pudieran crecer. Al igual que Abraham, no sabíamos adónde nos dirigíamos, pero el Señor nos guió. Bob Cook solía recordarnos: «Si puedes explicar lo que sucedió, Dios no lo hizo».

El lema oficial era: «Orientado a la época, anclado a la Roca», y por eso nos sentíamos en libertad de utilizar cualquier medio legítimo para predicar el evangelio: música, libros, encuestas, obras teatrales, canciones inspiradoras, concentraciones, encuentros en días festivos, etc. Era increíble cómo pastores, misioneros, empresarios, ancianos y adolescentes se unían para orar y trabajar. Los ministerios de JPC surgieron prácticamente en forma espontánea en Estados Unidos, Gran Bretaña y luego casi en todo el mundo. La revista *YFC Magazine* comenzó temprano en el movimiento, y ahora se conoce como *Campus Life* [Vida en el campus].

Además de la bendición del Señor, ¿a qué se debió semejante éxito? En parte, a que luego de la Segunda Guerra Mundial, por fin se reconoció a los adolescentes como parte de la sociedad. Gastaban mucho dinero y creaban gran cantidad de problemas. Antes de JPC, pocas iglesias locales tenían líderes de jóvenes; hoy en día, casi todas tienen un ministerio dedicado a la juventud. JPC envió muchos adolescentes a universidades cristianas, y surgieron nuevas escuelas.

Había una unidad hermosa entre los obreros. No recuerdo ninguna disputa denominacional. Nuestra declaración de fe era evangélica, así que Cristo y el evangelio nos mantenían unidos. Si nos hubiéramos concentrado en diferencias denominacionales, habríamos entristecido al Señor y probablemente, arruinado el ministerio. Ted Engstrom solía decir: «JPC está anclada en la Palabra, fundada sobre la Palabra y definida por la Palabra».

Los adolescentes se dedicaban de lleno a la obra evangelizadora. Oraban, llevaban la Biblia a la escuela, predicaban, invitaban a sus amigos a los clubes y las concentraciones de JPC, y mantenían una buena reputación en la escuela y la iglesia. Hoy, muchos ministran como pastores, maestros, misioneros y cristianos fieles en diferentes áreas.

Algunos líderes cristianos famosos nos criticaron con dureza, pero el Señor se encargó de todo. Nuestra política era amar a todos, orar por ellos y evitar debates públicos que solo multiplicarían los problemas. El tiempo vindicó a JPC. Quisiera tener una lista de los «famosos» (por así llamarlos) que se acercaron a Cristo gracias a JPC. Ravi Zacharias me viene a la mente. Billy Graham fue vicepresidente de JPC durante muchos años y utilizó su influencia para fortalecer la organización y expandirla.

Señor, levanta una nueva generación que puedas usar para que esta nación se vuelva a ti.

Capítulo 7

LA VALENTÍA DE TOMAR UNA DECISIÓN

«Y acercándose Elías a todo el pueblo, dijo: ¿Hasta cuándo claudicaréis vosotros entre dos pensamientos? Si Jehová es Dios, seguidle; y si Baal, id en pos de él». (1 Reyes 18:21)

«Toda mi infancia, luché con mi identidad. Casi me hago parte de una pandilla. Si los padres cumplieran con su tarea, la mitad de la basura que vemos en la calle no existiría».

—Nathan Hayes, *Valientes*

I magina que tienes 19 años, estás malherido y a punto de morir en las junglas de Vietnam. Tu unidad de infantería tiene una desventaja de ocho a uno, y el fuego enemigo es tan intenso que el comandante ha ordenado suspender el socorro de los helicópteros de evacuación médica.

Mientras yaces en el suelo, sabes en el fondo que no saldrás de allí. Tu familia se encuentra a miles de kilómetros y no volverás a verlos. De repente, escuchas el sonido débil de un helicóptero que se acerca. Levantas la mirada y ves que se trata de un helicóptero

Huey sin armas y sin el distintivo de evacuación médica. El piloto no es parte de la unidad médica pero, aunque no tendría por qué hacerlo, vuela hacia el lugar del ataque. Aterriza en medio de la batalla y te carga a bordo para rescatarte del bombardeo.

El piloto se llamaba Ed Freeman, y volvió trece veces. Rescató casi a 30 guerreros que habrían muerto en el campo de batalla. Un hombre valiente puede cambiar la situación. Más adelante, Freeman recibió la medalla de honor por su excepcional heroísmo.

Hace poco, Matt Chandler escribió en su blog: «Hay muchos cristianos agradables, pero muy pocos hombres piadosos». Necesitamos hombres piadosos. En 1 Reyes 18, vemos la marca que un hombre temeroso de Dios puede dejar: «Aquí está Elías» (v. 8). Cuando Elías apareció, todo cambió. Nadie podía permanecer neutral frente a su presencia. Era la causa del problema o la solución, según de qué lado estuviera.

Cuando apareció Elías, los falsos profetas y los idólatras supieron que habría confrontación. Imagino el sonido de su voz, que retumbaba entre las montañas como un trueno. Siempre tuvo un impacto sustancial. Podía detener la lluvia e invocar el fuego. Nadie podía permanecer pasivo frente a Elías.

¿Adónde está el hombre de Dios que el mundo reconoce hoy? La oración de Elías para que no lloviera fue un recordatorio material de que la nación atravesaba una sequía espiritual y necesitaba volver a Dios. La lluvia es símbolo de las bendiciones de Dios en el avivamiento. Elías oró y los cielos retuvieron su bendición durante tres años.

¿Adónde están los hombres de valor? ¿Dónde están los que puedan enfrentarse a la opinión pública y hablar en nombre de Dios? Elías no dudó en llamar al pueblo a decidirse sobre Dios. Es hora de que todos los esposos y los padres convoquen a su familia para tomar una decisión. La época exige una fe no compartimentada. A la mayoría de los creyentes les gustaría escuchar un sermón sobre Elías, pero se cambiarían de iglesia si él fuera su pastor.

Dios busca hombres y mujeres que se rindan por completo a Él. La respuesta es sí o no; no hay medias tintas (ver 1 Reyes 18:21). Jesús dijo: «O están conmigo o están en mi contra».

Necesitamos hombres de Dios a la altura de las circunstancias. Es hora de dejar de lado los accesorios femeninos y los pantalones vaqueros ajustados (¿acaso a alguien le quedan bien?) y comportarse como un hombre de verdad. Los hombres necesitan asumir su condición y tomar la iniciativa. La situación cambiará cuando decidamos que ya es suficiente.

En las elecciones de mitad del mandato de 2010, el movimiento político *Tea Party* obtuvo mucha atención. Sin importar lo que pienses de ellos, recibieron atención porque tenían una postura clara sobre la política de Washington: «Basta. ¡Queremos que nos devuelvan nuestro país!». Quizás no estés de acuerdo con ellos, pero busco hombres que le hagan frente a la actitud carnal y superficial frente a las cosas de Dios y digan: «¡Basta!».

Hace poco, prediqué una serie de mensajes titulados «Preparemos a la próxima generación para Cristo». Quiero que las parejas jóvenes sepan la importancia de discipular a sus hijos. Un autor de más de 35 éxitos de librería asistió a nuestro servicio ese día. Luego de la reunión, le dije: «Estoy cansado de la pasividad de la iglesia promedio en Estados Unidos». De inmediato, me respondió: «Me alegro de que te resulte cansador».

En la actualidad, hay una estatua de Elías con espada en mano en el monte Carmelo. Hasta la estatua parece gritar: «Aquí está Elías». Desde esa montaña, se puede divisar el valle de Armagedón. Un día en ese valle, el Rey de reyes confrontará a todos sus enemigos, y entonces sabremos: «¡Aquí está Jesús!».

Elías aparece en las páginas del Nuevo Testamento más que cualquier otro profeta del Antiguo Testamento (más de 25 veces). Representó a los profetas en el monte de la transfiguración. La gente veía a Juan el Bautista y se acordaba de Elías. Y cuando Jesús preguntó «¿Quién dicen los hombres que soy yo?», algunos respondieron que podía ser Elías. También aparece como ejemplo de un hombre de oración en el libro de Santiago. A Elías no se lo conoce por los libros que escribió, sino por lo que hizo. Fue un hombre de acción y de oración. Para ser eficaz en tu obra para Dios y para tu familia, tienes que ser una persona de oración.

¿Cómo cambiamos la situación? Desafiamos a los hombres a asumir el liderazgo, cueste lo que cueste. La gente busca líderes. Vance Havner dijo: «Elías no era un superhombre, pero podía orar. Por su oración, cayó fuego y agua».[1] Hoy necesitamos las dos cosas. Necesitamos el fuego del Espíritu y la lluvia del avivamiento. Dios busca hombres así. Busca un hombre que diga: «Heme aquí, envíame a mí». «Porque los ojos de Jehová contemplan toda la tierra, para mostrar su poder a favor de los que tienen corazón perfecto para con él» (2 Crón. 16:9).

Necesitamos un Elías, porque en nuestra sociedad gobiernan los impíos, y hay demasiada apatía. La fe que una vez le costó la vida a muchos ni siquiera nos motiva lo suficiente como para ser fieles en la iglesia local. Al paso que vamos, no deberíamos temer a los terroristas, sino a que Dios deje de proteger la nación. ¿Dónde están los Elías de Dios?

Necesitamos que un valiente se levante y nos llame a despertarnos (ver Rom. 13:11-12; 1 Cor. 15:34; Ef. 5:11-14). ¿Por qué necesitamos despertar? En general, lo que veo y escucho no me alienta a sacrificarme, sino a sentir que merezco toda clase de derechos. ¿Adónde está aquel «que invoque tu nombre, que se despierte para apoyarse en ti; por lo cual escondiste de nosotros tu rostro, y nos dejaste marchitar en poder de nuestras maldades» (Isa. 64:7)?

Escuchamos a los políticos, y nos fallaron. Escuchamos a los expertos en los medios de comunicación, pero parecen saber menos que nosotros. Escuchamos a los que nos adornan la píldora con psicología popular que no funciona. En esta era de la comunicación, lo que tenemos es una acumulación de ignorancia. Necesitamos un líder que se decida y nos llame a orar con fervor.

Elías era un hombre hecho y derecho. No se mezcló con los cristianos livianos. Me avergüenza ver tantos hombres sin determinación en las iglesias. En nuestra congregación, hay hombres increíbles de todas las generaciones. La constante de parte de los hombres que buscan un cambio es: «No andes con rodeos. Toma la situación en serio. Llámanos al compromiso. No necesitamos guantes de seda para hacer lo que Dios nos exige».

Los hombres prefieren más la caza, la pesca y los deportes que a Cristo. Nunca se les ocurriría rechazar entradas para ver un partido deportivo o una invitación para ir a pescar, pero si llueve el domingo por la mañana, se dan media vuelta y apagan el despertador. No me interesa cuántos años tienes, no eres hombre hasta que asumes responsabilidad y rindes cuentas.

Déjame hacerte una pregunta sumamente directa: ¿Qué es más importante para ti: cazar, pescar, realizar deportes extremos, seguir a tu equipo preferido o pasar tiempo con la Palabra de Dios? Si le destinaras a tus pasatiempos la misma cantidad de tiempo que le dedicas a tu caminar con Dios, ¿cómo te desenvolverías en esas actividades? Si le dedicaras a tu caminar con Dios la misma cantidad de tiempo que a tus pasatiempos, ¿qué clase de hombre serías?

¿Cómo sabremos si Dios nos ha dado un Elías? Hará lo mismo que hizo Elías. Se retirará a orar y luego aparecerá y convocará a una decisión. Exigirá que tomemos una decisión. «Si Jehová es Dios, seguidle; y si Baal, id en pos de él» (1 Rey. 18:21).

D. L. Moody escuchó a alguien decir que Dios quería mostrarle al mundo lo que podía hacer mediante un hombre completamente rendido, y Moody respondió: «Por gracia de Dios, yo seré ese hombre». ¿Quién podría ser ese hombre hoy? Podrías ser tú en tu función de padre. Podrías ser tú en tu función de joven pastor. Quienquiera que seas, te necesitamos ahora. Dios recorre los templos y se detiene en todas las filas para ver si hay algún hombre decidido a servirle.

Dios envió a Elías a juzgar y confrontar. J. Sidlow Baxter observó: «Cuando la maldad alcanza proporciones extraordinarias, Dios la enfrenta con medidas extraordinarias». Dios designó a Elías para quitarles la iniciativa a los reyes impíos, Acab y Jezabel. Elías apareció y aceptó el desafío. Declaró valientemente: «No lloverá hasta que yo lo diga». Imagina haber sido meteorólogo en Israel esos días. Todos los días, el pronóstico era el mismo: Calor y sin probabilidad de lluvia. ¡Al menos sabían cómo vestirse!

Tres años más tarde, la tierra estaba sumida en la hambruna. Incluso ante la muerte, el hambre y la deshidratación, el pueblo siguió fiel a los dioses falsos. Hoy en día, con tantos huracanes, inundaciones, terremotos, tornados y erupciones volcánicas, a alguien debería ocurrírsele preguntar: «¿Crees que Dios intenta decirnos algo?».

Que no quepa la menor duda, todo el mundo conocía a Elías. Al igual que Martín Lutero, estaba dispuesto a clavar sus convicciones en la puerta. Como Pablo, estaba dispuesto a enfrentarse cara a cara con líderes políticos y exigir un cambio. Alexander Whyte dijo que Elías era un hombre que siempre estaba apasionado por algo. Y a ti, ¿qué te apasiona?

La vida de Elías se destacó por un deseo ardiente de ver al pueblo regresar al único Dios verdadero. Le indignaba el conformismo que lo rodeaba. Consumido por un celo ardiente, invocaría fuego del cielo porque el honor de Dios estaba en juego. Elías siempre se enfrentó a las situaciones creyendo que Dios tenía una respuesta. No solo es modelo de un verdadero profeta, sino que también es ejemplo de la oración que prevalece.

Antes de la confrontación en la montaña, hubo una etapa de oración. Al leer la historia de Elías con los profetas de Baal, es evidente que el profeta comprendía que en la oración no es cuestión de tener razón, sino de exaltar al Señor Dios de Israel. Su fortaleza surgía de las horas que pasaba de rodillas.

Cuenta la historia sobre un hombre que se paró junto a la tumba de John Wesley, cuya predicación sacudió a Inglaterra y llevó a un avivamiento nacional, y dijo: «Hazlo otra vez, Señor, hazlo otra vez». Estuve en un viejo cementerio cuáquero a las afueras de Greensboro, en Carolina del Norte, junto a la tumba de mi héroe, Vance Havner, un evangelista y profeta del siglo xx, y le pedí a Dios que me usara como instrumento para un avivamiento.

C. H. Spurgeon escribió: «Si tienes motivos para pedir lo que pides, ruega ahora, ruega al mediodía y a la noche, no dejes de pedir. Con llanto y lágrimas presenta tu causa. Ordena tus argumentos. Respalda tus súplicas con razones».[2]

Cuando hayas orado y tengas una palabra de Dios, apóyate en ella. Entra al campo de batalla con tu armadura espiritual.

Permanece firme sabiendo que Dios ha escuchado tus oraciones y cumple sus promesas. Marcha a la batalla, no te conformes con quedarte al margen y entregarle al diablo tu familia o la nación.

Escucho que algunos dicen: «Casi digo algo». ¡No te quedes callado! ¡Sé valiente! La iglesia primitiva no trastornó el mundo por ser un grupo cerrado. Luego de orar, se dedicaron a predicar el mensaje de la cruz. Aun en medio de persecución, oraban pidiendo mayor valentía.

«Aquí está Elías». Su presencia cambió la conversación y exigió una decisión. Me causa gracia (y tristeza) llegar adonde hay personas hablando y ver que cambian de tema porque apareció el «predicador». No quiero que cambien de tema porque soy el predicador, sino porque reconocen en mí a un hombre de Dios. Déjame preguntarte: ¿La conversación cambia cuando entras a una habitación? ¿La gente evita ciertas bromas y temas cuando estás presente?

Elías apareció y dijo: «Diles al rey y a esa mujer que estoy aquí. Diles a los falsos profetas que estoy aquí. Dile a tus supuestos dioses que estoy aquí» (ver 1 Reyes 18:17-19). Nadie puede rebelarse contra Dios sin consecuencias. Nombra la nación o el imperio que haya mantenido su dominio luego de entregarse a la violencia, la idolatría, la sensualidad y la inmoralidad. Filisteos, asirios, griegos, romanos, hunos, nazis, comunistas o terroristas… todos han pasado o pasarán a la historia. Si nuestro país no tiene un momento como el del monte Carmelo, también caerá.

Sin duda, nuestra sociedad adora dioses falsos en altares falsos. No podemos culpar a la generación más joven, porque todo esto sucedió mientras nosotros éramos responsables. El deterioro ocurrió en el curso de nuestra vida. Hemos peleado guerras para mantener la libertad, pero permanecemos esclavos del espíritu de transgresión y complacencia.

Nuestra tierra está llena de altares a dioses falsos. Nos inclinamos ante cualquier cosa, desde los bufés de tenedor libre (en un mundo de pobreza e inanición) hasta los dioses de la fama y la fortuna. Tratamos a los famosos como si fueran dioses. Nos inclinamos ante los políticos que parecen tener el poder de la vida y la muerte en sus manos. Vendemos el alma a cambio de entretenimiento, tecnología y ciencia. Tenemos todo excepto a Dios. Antes de señalar con el dedo a la generación más joven, recordemos que nos sucedió a *nosotros*.

Adoramos en el altar de la corrección diplomática y la predicación inofensiva. No tenemos apetito para la carne de la Palabra ni para el llamado de la cruz.

Seguramente, alguien intentó convencer a Elías de que fuera más positivo. El problema es que no se puede ser positivo sobre algo negativo. No se le puede llamar éxito al desastre. No se puede aplaudir la claudicación como si fuera compromiso. Debemos tener la valentía de separarnos del mundo y ser santos. El cristianismo no es un bufé, donde elegimos lo que nos gusta. «Si Jehová es Dios, seguidle».

Elías no era el buscapleitos de Israel, según el concepto de Acab. Era el único en la brecha entre Israel y un juicio certero y permanente. Un hombre valiente perturba la paz del statu quo. Llama a sus amigos a dar un paso al frente. Es resuelto y no siente vergüenza de decir lo que piensa. Acab era quien causaba problemas; Elías los resolvía.

En nuestra época, la impiedad está generalizada. Si nuestra nación quiere evitar repetir la historia del libro de Jueces, necesitamos encontrar hombres y mujeres que no duden en defender sin reservas lo eterno.

En esta época oscura, necesitamos que aparezca alguien que hable en nombre de Dios. Lutero confrontó la corrupción de la iglesia establecida. Cuando la política y la moral se encontraban en su punto más bajo en Gran Bretaña, Dios levantó a Tyndale, Whitfield y Wesley para dar un golpe de timón e iniciar un avivamiento increíble. Cuando Estados Unidos necesitaba alguien que diera un paso al frente, Jonathan Edwards respondió. Billy Sunday se levantó cuando el alcohol destruía la tierra. ¿Cuándo se levantará alguien en el siglo XXI para decir: «¡Ya basta!»?

¿Qué detiene la obra de Dios? Si decidimos seguir a Cristo con todo nuestro ser y doblar nuestra rodilla solo ante el Señor, podremos ver un cambio. Pero no sucederá si seguimos el curso actual.

En el monte Carmelo, Elías desafió a los profetas de Baal. Era la hora de la verdad. Había llegado el momento de la confrontación espiritual. Tres grupos estaban reunidos ese día: Elías, el siervo devoto de Dios; los dedicados seguidores de Baal; y la muchedumbre indecisa. Santiago dijo que un hombre indeciso es inconstante en todos sus caminos (1:8). Quizás parecía que Elías estaba solo, pero el hombre de Dios nunca lo está. Uno + Dios = mayoría. «Mayor es el que está en vosotros, que el que está en el mundo» (1 Jn. 4:4).

Elías exigió que se tomara una decisión y tres años y medio era suficiente tiempo para tomarla. Los dioses falsos no habían cumplido y no lo harían. ¿Por qué la indecisión? ¿Hasta cuándo claudicarás (ver 1 Rey. 18:21)? Antiguamente, *claudicar* significaba «detenerse o caminar cojeando». ¿Cuánto tiempo necesitas? ¿Cuántos sermones tienes que escuchar? Compórtate como un hombre de verdad. Es hora de tomar una decisión. Sé valiente y escoge de qué lado estarás.

¿Recuerdas la plaga de ranas en Egipto? Las ranas ocuparon el reino, y al fin, Faraón llamó a Moisés y dijo: «Deshazte de las ranas». Moisés accedió, pero dejó que Faraón decidiera cuándo. El soberano dijo: «Mañana». Una noche más con las ranas. Me siento desdichado, pero antes de librarme de mi aflicción, ¿puedo dormir con ella una vez más (ver Ex. 8:8ss)?

Elías exigió un compromiso. Les dio a los profetas de Baal la oportunidad de comenzar. Si hubieran sido inteligentes y prestado atención esos tres años de sequía, se habrían arrepentido. Pero no lo hicieron. Clamaron todo el día. Se cortaron, cantaron y gritaron, pero nada sucedió. Así son los dioses falsos: nunca están cuando los necesitas.

Elías los dejó seguir, y hasta se burló de ellos. Por fin, declaró que ya era suficiente. Comenzó a reconstruir el altar e invocó la respuesta de Dios (1 Rey. 18:30-39). Elías oró. Todos los momentos culminantes de su vida fueron resultado de la oración eficaz de un hombre justo. Oró para que no lloviera, y no llovió. Oró para que cayera fuego, y cayó. Oró para que volviera a llover, y llovió a cántaros. Es imposible producir un impacto en tu generación si no estás dispuesto a afrontar la crisis y vivir con las consecuencias.

Elías invocó a Dios para que respondiera con fuego. Cuando el fuego cayó, el pueblo entendió. Les recordó su historia con Jehová: la zarza ardiente, el monte Sinaí, la columna de fuego. El fuego representaba la presencia y el poder de Dios. Cayó y consumió todo. Cuando el fuego de Dios caiga en un avivamiento, quemará la escoria y las impurezas que nos estorban. Luego, Elías oró pidiendo lluvia, y Dios respondió y la tierra revivió.

Soy un defensor de la invitación pública. Creo que necesitamos confesar públicamente nuestra posición respecto a Jesús. Necesitamos que vuelva a caer fuego del cielo. Caerá cuando Dios encuentre hombres en el altar que derraman su corazón en oración por ellos y por sus familias. Jóvenes, es hora de edificar un altar, de tener un lugar donde puedan pasar tiempo con Dios en oración y con la Palabra. ¿Adónde están los altares en nuestras iglesias? Tenemos plataformas y escenarios, pero no hay altares. ¿Dónde está el banco para los que se arrepienten? Tenemos focos que siguen al orador, pero necesitamos hombres que vengan al altar para arrepentirse y reparar lo que hayan descuidado.

En nuestros servicios semanales de adoración, cada vez veo más hombres de entre 20 y 40 años que se acercan al altar para relacionarse con Dios. De rodillas, arreglan cuentas, hallan perdón y obtienen valentía. Allí se entregan como sacrificio vivo (ver Rom. 12:1).

Vance Havner fue el único hombre que me recordó a un profeta del Antiguo Testamento. Cuando llegaba a una iglesia, la multitud se reducía. Su llamado era convocar a los que quedaban a despertarse. Es mi llamado para este capítulo. Mi oración es que Dios use el ejemplo de Elías para darnos la valentía necesaria para decir la verdad y confrontar la cultura.

Ahora más que nunca necesitamos ese fuego y esa lluvia torrencial. Sin embargo, todavía no estamos preparados para una confrontación en el monte Carmelo... Aspiramos a reuniones cumbre en lugar de confrontaciones... Algunos afirman: «No tenemos tiempo para organizar un avivamiento en nuestras convenciones». *¡No queda tiempo para otra cosa!* ¡Es demasiado tarde! Otros dicen: «Estamos aquí para encargarnos de los negocios». *¿Qué negocio es más importante que reconstruir los altares rotos y ofrecer el sacrificio de la penitencia, la alabanza y nuestro ser?* Cuando lo hagamos e invoquemos a Dios con desesperación santa (si alguna vez lo hacemos), el fuego caerá, y oiremos el sonido de la lluvia abundante.

La evangelización no es suficiente; lo primero en el programa de Dios para la iglesia es el arrepentimiento, la confesión de pecados, la limpieza y la separación del mundo, la sumisión al señorío de Cristo y el ser llenos del Espíritu, pero en nuestras convocaciones esquivamos estas cuestiones con diplomacia. Elías no convocó una conferencia con Acab, Jezabel, los profetas de Baal y Abdías; estaba solo. Y sin embargo, no lo estaba, ya que 7000 no se habían inclinado ante Baal. Hoy también hay un remanente, y una nube como la palma de la mano de un hombre.[3]

Ya sea tu altar privado o un altar en la iglesia, encuentra un lugar, arrodíllate y no te levantes hasta que hayas decidido ser la persona que Dios necesita para este tiempo. Quédate allí hasta que el fuego de Dios inflame tu corazón. Permanece allí hasta que los ríos de agua viva fluyan en tu ser. Quédate lo suficiente como para que al levantarte, otros te vean y digan: «Aquí está _____».

La valentía es la tenacidad de producir un cambio; la determinación es la perseverancia para acompañar ese cambio hasta su culminación. ¿Quién será el primero?

Capítulo 8

LA VALENTÍA DE HACER FRENTE A LA CRÍTICA

«*Y les envié mensajeros, diciendo: Yo hago una gran obra, y no puedo ir; porque cesaría la obra, dejándola yo para ir a vosotros*». *(Nehemías 6:3)*

«*Perdonaré a los que me hagan mal y me reconciliaré con los que yo haya lastimado. Caminaré en integridad como hombre responsable ante Dios, y buscaré honrarlo, obedecer Su Palabra y hacer Su voluntad*».

—La decisión, *Valientes*

N adie es inmune a la crítica. Surge con la misma naturalidad que la respiración. Prefiero que me critiquen por hacer algo antes que por no hacer nada.

Este libro se lo dedico a mi amigo Daniel Simmons. Es el pastor de la iglesia bautista Mt. Zion aquí en Albany, la iglesia afroamericana más grande de la región. Hemos trabajado juntos en muchos proyectos a través de los años, y hemos sido criticados. Recibimos una buena cantidad de críticas y ataques por asociarnos para construir puentes entre las personas y procurar la reconciliación.

Personas de las dos comunidades han arremetido contra nosotros. Hemos sido el tema de comentarios mordaces en la columna de editoriales y hemos angustiado a muchos intolerantes y racistas. Sin embargo, como estuvimos dispuestos a defender lo que creemos, otras iglesias de la zona buscan maneras de vencer la barrera de las razas. No siempre es fácil superar la crítica, pero vale la pena hacerlo.

Gracias a la valentía de Daniel, surgieron dos ministerios propios de Mt. Zion. Su ministerio *Boys to Men* [De muchachos a hombres] es un programa de desarrollo juvenil que se realiza cada dos fines de semana, diseñado para ayudar a los jóvenes a convertirse en adultos. El ministerio proporciona contacto con situaciones que edifican el carácter y dan satisfacción en la vida. También se proporcionan habilidades para el liderazgo, motivación, preparación académica y la oportunidad de aumentar la estima de sus participantes. Los hombres de Mt. Zion están dejando huella en la próxima generación.

Además de este ministerio, la academia de verano para jóvenes de Mt. Zion (*Summer Youth Academy for Boys*), funciona como un programa de tutoría para muchachos de entre nueve y catorce años. Se trabajan las necesidades académicas y sociales de los chicos para transformarlos en jóvenes. Gracias a las experiencias de los muchachos en este ministerio, los ex participantes a menudo regresan a trabajar con los chicos en el programa.

En Albany, Georgia, tenemos problemas graves con las pandillas. Cuando comenzamos a trabajar en *Valientes,* al abordar la problemática de los padres, nos pareció evidente que debíamos tratar también las consecuencias de la ausencia paterna. La pasión y el ministerio de Daniel reforzaron esta decisión.

Los críticos decían: «¿Para qué?». No obstante, Daniel ha guiado a su iglesia a cambiar la cultura. Otros pueden decir: «¿Qué diferencia puede producir una sola iglesia? El problema está fuera de control». El pastor y la congregación de Mt. Zion responden: «Quizás así sea, pero no lo aceptaremos».

Debido a su liderazgo valiente, le pedimos a Daniel que representara a un mentor estratégico y la figura paterna de uno de los personajes de la película. La obra de Daniel y de la congregación de Mt. Zion mantiene a muchos jóvenes alejados de las pandillas y de la calle. Creo que un día saldrá un joven de ese ministerio e impactará la vida de muchos.

Teddy Roosevelt tuvo su cuota de crítica, pero las enfrentó sin rodeos. Dijo:

El crítico no es el que importa, tampoco el hombre que señala el tropiezo del hombre fuerte, o dice cómo otro podría haber hecho mejor las cosas. El reconocimiento es para el hombre que está en medio del conflicto; con el rostro desfigurado por el polvo, el sudor y la sangre; el que lucha con valor, comete errores y fracasa una y otra vez, porque no hay esfuerzo sin error y fracaso; el que no se conforma con una idea sino que intenta llevarla a cabo; el que conoce la devoción y el entusiasmo profundos y se entrega a una causa noble; el que, en el peor de los casos, fracasa luego de haberse arriesgado.

Es mucho mejor arriesgarse a algo formidable y obtener triunfos gloriosos, aunque matizados de fracaso, que ser como los espíritus pobres que ni disfrutan ni sufren demasiado, porque viven en el gris ocaso que no conoce la victoria ni la derrota.[1]

¿Alguna vez viste un monumento a un crítico? Cuando el crítico arroja piedras, el visionario debería tomarlas y construir una pared. Y luego, si el crítico quiere ver lo que edificaste, cóbrale entrada para pasar por la puerta.

Las grandes ideas y los líderes destacados tienen un enemigo común: la crítica. Es una de las flechas predilectas del enemigo. Satanás es el acusador de los hermanos. Ataca a los que amenazan su estrategia como el dios de esta era. Si te arriesgas y das la cara, el enemigo te prestará atención.

Yo he enfrentado una buena cantidad de oposición. Tengo las cicatrices para probarlo. Aunque algunas de las personas más dulces que he conocido eran cristianas, también he conocido personas perversas dentro de la iglesia. (Espero que el crítico no sea hijo de Dios).

Puedes formar parte de una iglesia donde las personas busquen poder o quieran dirigir la congregación. Son muchos y proliferan.

No permitas que esa clase de persona te desvíe ni te dejes decepcionar con la iglesia.

Mi desafío es que tu vida haga que los demás desconfíen de tus críticos cuando hablen mal de ti. En mi Biblia, junto a Gálatas 2:20, tengo escrito: «Muerto a la adulación y al desaliento». Las dos cosas son necesarias. La cuestión es: los que pueden, actúan; los que no pueden, critican. Si ves a alguien que se queja por la manera en que rebota el balón, probablemente estás frente a alguien que nunca lo tomó o, peor aún, que lo dejó caer.

Con el éxito de Sherwood Pictures, hemos experimentado adulación y desaliento. Algunos creen que somos lo mejor que sucedió desde la invención del pan precortado en rodajas; otros, que somos lo peor desde la peste bubónica. La verdad está en el medio. No les mostramos nuestras películas a los críticos cinematográficos para que las reseñen porque no hacemos películas para los críticos. Una persona me dijo: «Si no les muestras tus películas a los críticos, la gente puede suponer que son tontas o de mala calidad». Le respondí: «No nos importa lo que piensen los críticos». Hacemos películas para alcanzar a las personas para Dios. Nuestro estándar no es Hollywood, sino Él.

Cuando filmábamos *Valientes*, nos reunimos con cuatro de los cinco actores principales de la película: Kevin Downes, Ken Bevel, Robert Amaya y Alex Kendrick. Tuvimos un debate frontal sobre cómo el reconocimiento y la fama pueden alimentar el orgullo. Le pedimos a Dios que interviniera en nosotros si algo en nuestra vida impedía que Él usara la película.

Los elogios y las críticas van y vienen. Lo importante es agradar a Dios. Responder a un comentario desagradable con otro igual es como intentar limpiar el polvo con barro. No obstante, creerle a alguien que alimenta tu orgullo carnal también es peligroso. Tenemos que evitar las dos cosas. El elogio inmerecido es veneno disfrazado. Thomas Brooks escribió: «La adulación es la trampa invisible del diablo».

A medida que Sherwood Pictures se hizo conocida, nos transformamos en un blanco. Recuerdo lo que dijo D. L. Moody cuando le preguntaron sobre sus métodos de evangelización: «Prefiero mi forma de hacerlo, antes que su forma de no hacerlo». No es que no estemos dispuestos a aprender, pero nuestras películas tienen un propósito superior. Recibimos crítica constructiva de las personas que nos aman, trabajan con nosotros y creen en nosotros. Siempre desestimamos a los críticos y los correos electrónicos anónimos. ¿Por qué? Sus opiniones no importan.

Cuando pienso en la valentía de hacerle frente a la crítica, recuerdo a Nehemías. Su historia ocurre algo después de que Daniel y otros fueron llevados cautivos a Babilonia. El cautiverio duró 70 años, y con el tiempo, Persia se transformó en la potencia mundial. Cuando Artajerjes asumió el trono persa, permitió que Esdras regresara a Jerusalén y más adelante, Nehemías. Estos dos encabezaron una increíble restauración de los muros de Jerusalén y un avivamiento entre el pueblo.

Nehemías es uno de los grandes líderes de la Escritura. Su historia se cuenta sin rodeos. No anduvo con miramientos y nunca retrocedió frente a un conflicto. Identificó a sus críticos. Declaró con valentía: «Yo hago una gran obra, y no puedo ir» (6:3).

Nehemías era un hombre de oración. Sus planes surgieron en oración. Sus respuestas llegaron mientras oraba. Su vida de oración se reflejó en una imagen pública. La vida pública de Nehemías tenía poder gracias a su vida privada. La oración no era complementaria, era fundamental. Su obra estuvo empapada de oración (ver 1:4,6; 2:4; 4:4,9; 5:19; 6:14; 13:14,22,29).

Para hacer algo grande para Dios, necesitarás el apoyo de la oración. Todos los proyectos que completé, como las victorias y los obstáculos superados en mi ministerio se debieron a la oración. El poder de una iglesia que ora es inmensurable.

Nehemías era un gran hombre en una posición de influencia, a servicio del rey. No pudo permanecer en silencio mientras Jerusalén estaba en ruinas. Por lo tanto, fue sincero al orar. Lloró, hizo duelo y ayunó. Oró día y noche por el pueblo de Dios (ver Neh. 1:4ss). Fue sincero respecto a la apostasía de Israel y le dijo a Dios lo que intentaba hacer la oposición para obstaculizar la obra.

La ciudad de Jehová estaba en ruinas y los muros eran escombros. No había rey, ni profeta, ni sacerdote que representara a Dios.

Sin embargo, el Señor dispuso las circunstancias para sacar del exilio a Nehemías, el copero del rey de Persia (1:11).

Nehemías no era solo un copero; también era constructor. Dios le había dado una visión, ya que la ciudad necesitaría muros para protegerse de ataques enemigos. Las paredes en ruinas habían sido un problema durante años, y había que hacer algo. Nehemías fue el hombre designado por Dios para hacerlo, aunque la tarea probaría ser difícil.

Necesitamos muros en nuestras vidas. No es valiente conformarnos con «confiar en el Señor». Necesitamos acompañar con obras nuestras oraciones. Debemos construir cuatro paredes en nuestra vida: fe, valentía, integridad y oración. Rodear nuestro corazón con estos cuatro muros de defensa nos permitirá resistir los días malos.

Gracias a Dios, el pueblo aceptó la visión de Nehemías y lo siguió. Estaban preparados para reconstruir la muralla. Pero recuerda, no todos estarán contentos cuando empieces a hacer algo grandioso para Dios. Hay algunos, incluso en la comunidad cristiana, que quieren que fracases. Los celos y la envidia hacen que el pueblo quiera atacarte. ¡Nunca dejes que un perdedor te diga cómo ganar!

Los críticos nunca serán una especie en vías de extinción, pero debemos pedirle a Dios que cree un ambiente espiritual en donde no puedan prosperar. Si Nehemías se hubiera derrumbado frente a la crítica, las murallas no se habrían reconstruido jamás.

Debes tener el valor para resistir la crítica. Yo he soportado una buena cantidad. Es el caso de todos los líderes. Por la gracia de Dios, en Sherwood hay un ambiente que no permite que los cínicos y los críticos prosperen. Al mismo tiempo, sé que solo hace falta una persona desconforme para alborotar el avispero. Así que oramos y practicamos la unidad en todos los frentes.

En el caso de Nehemías, Sanbalat era uno de esos tipos que no sabía cuándo parar. No estaba dispuesto a pedir una transferencia ni a reconocer sus errores. La Escritura revela claramente su actitud: «Pero oyéndolo Sanbalat horonita y Tobías el siervo amonita, les disgustó en extremo que viniese alguno para procurar el bien de los hijos de Israel» (2:10).

Estos hombres estaban molestos. Los críticos afirman tres cosas: No se puede hacer; no se debería hacer; no se hará. Al caminar con Dios, harás enojar a los que no lo hacen. Tu manera de reaccionar frente a la crítica revelará si eres valiente o si te intimidan fácilmente.

Conozco hombres que quieren ser líderes pero que le tienen miedo a la crítica. Viven temerosos y nunca construirán un muro ni dejarán un legado. Una herejía que anda dando vueltas dice que si haces la voluntad de Dios, no tendrás ningún problema. ¿En dónde están el capítulo y el versículo que respalden algo tan ilógico y antibíblico? La realidad es que el cambio hace que algunos se enojen, y el enojo puede ser infernal.

Si eres líder, enfrentarás la crítica. Para evitarla, no digas nada, no hagas nada y no seas nada. Si quieres hacer la voluntad de Dios, anticipa la oposición. Enfrenta la tarea con tenacidad y tus problemas en oración (ver 1 Jn. 5:4).

¿Por qué Nehemías recibió una crítica tan hostil? Porque si lograba su cometido, la seguridad económica de Sanbalat estaría en peligro. Si Jerusalén era reconstruida, atraería el comercio y arruinaría la supremacía económica de Samaria. La estrategia de Sanbalat fue «reducir la autoestima de los israelitas, debilitar su resolución y desalentarlos»[2], para poder mantener el statu quo. Los críticos solo piensan en ellos mismos.

En nuestro periódico local, tenemos una sección para los lectores donde los cobardes pueden dejar algunas frases de crítica o elogio en forma anónima. (Hay cien veces más críticas que elogios). A veces, he sido el blanco de la crítica. Se cuestionaron mis motivaciones y nuestra iglesia estuvo bajo ataque. Mi postura es no responder, porque no serviría de nada. Proverbios afirma que la palabra hiriente hace subir la ira. Si de veras quieres una solución, no respondas e invoca la justicia divina (ver Neh. 4:4-6).

Nehemías enfrentó la oposición con oración, pero siguió trabajando. Una vez que ores, vuelve a trabajar. El enemigo intentará hacerte discutir. Agonizar y organizar son dos lados de la misma moneda. Trabajamos y esperamos. Observamos y oramos.

En *Valientes*, los oficiales de la policía se comprometen a hacerse responsables de su función como esposos y padres piadosos. Por desgracia, vivimos en una cultura donde más y más hombres abandonan sus responsabilidades y permanecen pasivos mientras sus esposas y sus hijos van dando tumbos por la vida, desesperados por encontrar guía. En la película, Adam Mitchell pronuncia un discurso que representa el voto que todos los hombres hicieron.

Un padre debe amar a sus hijos y ganárselos. Tiene que protegerlos, disciplinarlos y enseñarles los caminos de Dios.

Debe ser ejemplo de integridad y de cómo tratar a los demás con respeto, y exhortar a sus hijos para que sean hombres y mujeres responsables, que entreguen su vida por lo que tiene valor eterno. Algunos hombres pueden burlarse de este concepto o ignorarlo pero, como padre, eres responsable ante Dios por la posición de influencia que Él te dio.

No puedes permitirte quedarte dormido al volante, para despertar algún día y ver que tu trabajo o tus pasatiempos carecen de valor eterno, a diferencia del alma de tus hijos. Algunos hombres están de acuerdo con esto pero no deciden ponerlo en práctica. Terminan viviendo en forma egoísta y desperdician la oportunidad de dejar un legado para la próxima generación.

Sin embargo, hay otros que, sin importar los errores pasados y lo que sus padres no hicieron por ellos, entregan la fuerza de sus brazos y el resto de sus días para amar a Dios de todo corazón y enseñar a sus hijos a hacer lo mismo. Invitamos a cualquier hombre de corazón valiente que esté dispuesto a tomar la misma decisión. El mundo quiere el corazón de tus hijos, y a ellos les costará decidir el objeto de su devoción.

La oposición puede adoptar cientos de formas. Sanbalat y Tobías ridiculizaron a Nehemías y se burlaron de los judíos (Neh. 4:1-3). Al continuar leyendo, vemos que la oposición comenzó a escarnecer al pueblo de Dios. La palabra judía para *escarnio* significa tartamudear o balbucear. Los críticos repetían sus comentarios negativos una y otra vez, con la esperanza de desalentar al pueblo y su obra. Chuck Swindoll escribe: «Parte de la tarea implícita del líder es la capacidad de manejar la crítica. Es parte del paquete del liderazgo. Si nunca te critican, lo más probable es que no estés logrando nada».[3]

Conozco parientes de Sanbalat y Tobías. Los encuentras en toda expedición, aventura y proyecto. No solo arrojaban dardos verbales, sino que también se burlaban de la tarea hecha. Los críticos no necesitan razón para criticar. Oscar Wilde preguntó: «¿Qué es un cínico? El que conoce el precio de todo pero no valora nada».[4]

Si la crítica no funciona, comenzarán a amenazarte. Los oponentes de Nehemías se enfurecieron y se opusieron a la obra en todo momento (4:7-8). ¿Cómo respondió Nehemías? «Oramos a nuestro Dios, y por causa de ellos pusimos guarda contra ellos de día y de noche» (4:9).

Observa y trabaja. No te distraigas. Esta gente no criticaba solo a los obreros, cuestionaba a Dios. Los que se oponen a la obra del Señor se oponen al mismo Dios. Nehemías mantuvo al pueblo concentrado. Le asignó tareas. Su primera respuesta fue la oración. La segunda fue poner vigías en el muro.

La Escritura nos recuerda que debemos estar alertas, vigilar y orar, y permanecer firmes. Tenemos que perseverar cuando los demás intentan derribarnos o detener la obra que estamos haciendo. Cuanto más avanza la obra, mayor es la crítica. Cuanto más exitosa la obra, más intensos los ataques.

Los enemigos de Nehemías pasaron a la guerra psicológica. Querían desalentar y amedrentar a los israelitas (Neh. 4:14; 6:9,13). Amenazaron con decirle al rey Artajerjes que Nehemías era un traidor, pero estas amenazas no afectaron al hombre de Dios. Recuerda que había sido el copero del rey y se había ganado su confianza.

Para enfrentar la crítica y sobrevivir, debes ser decidido, firme, seguro y valiente. Una de las mayores pruebas para un líder es la de la perseverancia. Solemos darnos por vencidos fácilmente. Dejamos que los críticos ganen porque nos falta la tenacidad para completar la tarea.

El crítico quiere convencerte de que tiene más apoyo que tú. Sin embargo, Dios nunca apoya ni bendice a los que critican. El diablo se regocija cuando nos quebramos bajo la presión o titubeamos en una confrontación. Nehemías repartió espadas, puso a cada uno en su lugar y siguió trabajando. «Y cuando oyeron nuestros enemigos que lo habíamos entendido, y que Dios había desbaratado el consejo de ellos, nos volvimos todos al muro, cada uno a su tarea» (4:15).

Si quieres volver loco a un crítico, sigue haciendo lo que Dios te encomendó. No puedes responder a todas las acusaciones, pero puedes edificar un muro. Lo que más le molesta a un buscapleitos es ver que la obra continúa. En su libro *Stuff Christians Like* [Cosas que les gustan a los cristianos], Jonathan Acuff escribe: «El odio de los demás es como el musgo, solo crece en los objetos estancados. Si sigues tu llamado te mueves y repeles el odio».

Roy Laurin escribe: «Nunca dejes lo que estás haciendo para luchar. Tienes que estar preparado para pelear y repeler al invasor, pero no dejes de trabajar. La mejor defensa de un hombre es su obra. Si constantemente responde a los ataques externos, no puede trabajar, y si no trabaja, no puede cumplir el propósito para su vida».[5]

Pablo preguntó: «Si Dios es por nosotros, ¿quién contra nosotros?» (Rom. 8:31). Nehemías no perdió de vista su objetivo y completó el muro en 52 días. ¿Cómo? El pueblo se propuso trabajar. La valentía de Nehemías los inspiró, y su obra fue vindicada. Enfrentó cada maniobra de sus críticos con fe, oración y preparación. Dios le dio estrategias para contrarrestar los ataques enemigos. Nehemías siempre tuvo una respuesta para la necesidad del momento.

En el capítulo 6, los que criticaban a Nehemías intentaron tenderle una trampa al solicitar una reunión privada, pero él era demasiado inteligente y sabio como para caer. «Ven y reunámonos en alguna de las aldeas en el campo de Ono. Mas ellos habían pensado hacerme mal» (6:1-2).

Nehemías no tardó en responder. «Yo hago una gran obra, y no puedo ir; porque cesaría la obra, dejándola yo para ir a vosotros» (6:3-4). Le propusieron lo mismo «cuatro veces». El hombre valiente debe discernir entre una persona sincera y otra con motivaciones ocultas.

Debes tener el valor para confrontar a los que critican. No se los puede ignorar, y no cambiarán porque son así. La mayoría de los críticos son celosos, se sienten amenazados o están mal informados. Solo pueden tener influencia si los dejamos. Si queremos ser valientes, el crítico no puede seguir controlando nuestra vida.

Es fácil huir de ellos. Hace más de veinte años que pastoreo la misma iglesia. Decidí plantar bandera y dedicar mi vida a un lugar. Huir habría sido más fácil, pero el plan de Dios para mi vida estaba aquí. Hoy, tengo la bendición de pastorear una iglesia unida.

Me maravilla la manera en que esta congregación acepta mi liderazgo y cree en la visión que Dios me dio. Doy gracias por los hombres y las mujeres que oran a diario por mí. Me encantan los jóvenes que se sientan en la primera fila en los servicios de adoración. Dios me ha bendecido con diáconos llenos «de fe y del Espíritu Santo» (Hech. 6:5). Hay muchísimas cosas que me gustan de Sherwood.

Debo admitir que a veces dejé que unos pocos arruinaran este proyecto. No importa quién seas o lo que hagas, no todos estarán de acuerdo contigo. Haz lo que Dios dice y deja que otro se preocupe por las críticas. Ten cuidado de no escuchar a cualquiera. Les he dado permiso a ciertos hombres para observarme si ven algo cuestionable en mi vida. Me avisan si dije algo inadecuado en un mensaje. Me confrontan. La clave es que me aman incondicionalmente y quieren lo mejor para mí. Doy gracias por los hombres llenos del Espíritu que pueden amonestar, reprender, corregir y enseñar cuando es necesario.

¿Qué sucedió gracias a que Nehemías no dejó de trabajar para responder a la crítica? La muralla se completó en 52 días. Mi consejo es sencillo: nunca dejes que alguien que no hizo nada te diga cómo hacer las cosas.

Capítulo 9

La valentía de avivar el fuego

«*Por lo cual te aconsejo que avives el fuego del don de Dios que está en ti por la imposición de mis manos. Porque no nos ha dado Dios espíritu de cobardía, sino de poder, de amor y de dominio propio. Por tanto, no te avergüences de dar testimonio de nuestro Señor*». *(2 Timoteo 1:6-8)*

«*Tengo 37 años y nunca conocí a mi padre biológico... William Barrett, un vecino, fue mi mentor en mi adolescencia. Me enseñó sobre Dios. Siempre lo llamo en el Día del Padre*».

—Nathan Hayes, *Valientes*

L o que soy hoy para Dios se debe en gran parte a las personas que se dedicaron a mí. Los maestros de la escuela dominical cuando era pequeño, mi líder de jóvenes, miembros de la congregación con quienes tuve el privilegio de servir, y héroes de mi vida: ellos han impactado, modelado y cambiado mi vida. Un hombre de particular influencia fue Frank Favazza. Frank era miembro de la iglesia y constructor de oficio. En realidad, fue el mentor de innumerables hombres a lo largo de su vida. Cuando yo era un estudiante hambriento en el seminario, Frank me invitaba a almorzar, en general a la mejor parrilla de la ciudad de Kansas. Así obtenía toda mi atención durante varias horas, para discipularme y enseñarme sobre la Palabra de Dios. Su vida era su mensaje.

En la casa de Frank, había decenas de Biblias. Tomaba una y hacía un estudio de una palabra desde Génesis a Apocalipsis. Podía ser *fe, verdad, gracia* o muchas otras, pero él quería leer lo que Dios decía sobre ese tema en su contexto. Quisiera tener una de esas Biblias hoy.

Cuando era joven, me presentaron a uno de los grandes mentores de los últimos 50 años, Max Barnett. Max era el líder de la unión bautista estudiantil en la universidad de Oklahoma. En realidad, Max era un discipulador disfrazado de director de la UBE. Impactó a miles de personas con su vida y su ministerio.

Dedicarse a los demás lleva tiempo. Si queremos levantar una generación de gigantes para Dios, necesitamos reevaluar nuestra manera de administrar el tiempo (ver 1 Jn. 2:12-14; 2 Jn. 7). Los que estamos más adelante en el viaje de la vida debemos buscar y llamar a los jóvenes a seguir a Cristo de todo corazón. La juventud de hoy está más consciente de la presencia de los hombres que de la presencia de Dios. Creo que millones esperan escuchar a alguien que los desafíe y los estimule a lograr algo mayor.

El cristianismo de hoy suele tener una previsibilidad insulsa. Parece que somos los únicos creyentes del planeta a quienes les cuesta defender lo que creen. El mundo nunca hace concesiones, pero nosotros transigimos con facilidad y a menudo.

Proverbios 25:26 señala: «Como fuente turbia y manantial corrompido, es el justo que cae delante del impío». Afirmamos nuestra individualidad, pero nuestra apariencia y nuestro discurso se asemejan a los de la cultura. Al parecer, nadie quiere ser diferente. No hablo de ser extraño, me refiero a producir un impacto. Es hora de aumentar las expectativas.

La primera vez que leí la escena de la decisión en *Valientes*, cada fibra de mi ser quería levantarse y festejar. Es un llamado a ser valientes, actuar y regresar a los principios de la piedad. Cuando nos tomamos en serio nuestros compromisos, irrumpimos en forma significativa en las vidas de los demás.

Pablo nos recordó que debíamos andar «como es digno de la vocación con que [fuimos] llamados» (Ef. 4:1). Juan dijo que somos del mundo pero no pertenecemos al mundo. No significa que debemos evitar a los incrédulos, ni que tengamos que transformarnos en un camaleón. Significa que fuimos liberados de un deseo de imitar las actitudes de la cultura. Lo que dijo Jesús sobre tomar la cruz y morir a uno mismo no es la letra pequeña; es la noticia titular de los Evangelios.

Las palabras de Pablo a Timoteo sobre los últimos días parecen la primera página del periódico o de cualquier sitio de noticias de Internet:

También debes saber esto: que en los postreros días vendrán tiempos peligrosos. Porque habrá hombres amadores de sí mismos, avaros, vanagloriosos, soberbios, blasfemos, desobedientes a los padres, ingratos, impíos, sin afecto natural, implacables, calumniadores, intemperantes, crueles, aborrecedores de lo bueno, traidores, impetuosos, infatuados, amadores de los deleites más que de Dios, que tendrán apariencia de piedad, pero negarán la eficacia de ella; a éstos evita. (2 Tim. 3:1-5)

¿Cómo permanecemos en épocas difíciles? No podemos hacerlo por nuestra propia fuerza. Necesitamos el poder del Espíritu Santo. Necesitamos que otros nos alienten y nos preparen. Conocemos la necesidad, pero hace falta que alguien nos muestre *cómo* permanecer. Necesitamos ver testigos vivos del poder del Espíritu Santo para cambiar radicalmente una vida. Precisamos que nos conmuevan. Los sentimientos pasan, pero nos hace falta ser conmovidos en lo profundo de nuestro ser. Podemos sentir algo en un evento, pero aquí me refiero a un proceso duradero de crecimiento y madurez.

Ahora es el momento. Hace poco, al predicar en Sherwood, Tom Elliff hizo una serie de preguntas directas: Si no es ahora, ¿cuándo? Si no eres tú, ¿quién? Si no es aquí, ¿adónde? Si no es por la oración, ¿entonces cómo? Jesús nos llama al camino angosto, a la vida de la cruz, a una manera radical de pensar. Nos llama a estar con Él y a seguirlo. Tenemos que aprender de Él. Como bebés, necesitamos ayuda. No sabemos alimentarnos, cambiarnos ni caminar por cuenta propia. Necesitamos que alguien nos cuide hasta poder desenvolvernos solos.

Nos hacen falta mentores y referentes que nos muestren cómo poner en práctica la fe. Necesitamos que quienes no se han descarrilado se dediquen a nosotros. Debemos tener gente en nuestra vida que no nos permita aceptar la mediocridad o el statu quo como la norma.

En general, a los jóvenes se les presenta un cristianismo insípido y aguado, si es que podemos llamarlo cristianismo. Con todo el talento y la tecnología que tenemos, deberíamos poder diferenciar la verdad. Por desgracia, algunas de las voces más importantes que apelan a la generación más joven prefieren ser modernas antes que parecerse a Cristo. Se felicitan por lo que pueden hacer gracias a su «libertad» en Cristo. Hablan poco de la cruz, de morir a uno mismo y de cambiar el mundo.

Estoy descubriendo que cuanto más duros son mis sermones y cuanto más altas las exigencias, mayor es la respuesta que recibo de los jóvenes y los adultos jóvenes. Sienten repugnancia por las concesiones y la apatía dentro de la iglesia. Han descubierto que hay algo más. Anhelan que alguien les señale el camino correcto.

Hace veinte años que tenemos grupos de referencia para hombres, dirigidos por nuestro equipo. Además, se han formado muchos grupos de hombres para orar y rendirnos cuentas. Hace poco, comenzamos un ministerio de discipulado activo para los hombres de nuestra iglesia. Cada miembro del equipo se encarga de un grupo pequeño de hombres para enseñarles el material de *Masterlife* los martes por la mañana. Nuestra idea es producir un impacto que repercuta en otros hombres (ver 2 Tim. 2:2). Tenemos la posibilidad de comenzar un incendio celestial en el corazón de los hombres si avivamos las llamas.

En su libro *The Table of Inwardness* [Cómo cultivar nuestra vida interior en Cristo], Calvin Miller cuenta la historia de una antigua caja de madera del siglo XIX, que tenía una tapa con grandes letras rojas y negras que decían: ¡PELIGRO! ¡DINAMITA! Miller escribió: «La última vez que la vi, estaba llena de cachivaches». La caja diseñada para la dinamita y el poder solo estaba llena de basura inflamable.

Esta ilustración define nuestro problema. Decimos que tenemos poder, pero muchos aceptan la derrota como normal. Tenemos al Espíritu en nuestro interior, pero vivimos con temor a nuestro adversario. Hablamos de la dinamita, pero somos ineficaces. Aunque proclamamos el libro de Hechos, estamos a años luz de cualquier evidencia de semejante poder. Los líderes de la obra divina en Hechos en general no eran predicadores profesionales, eran laicos. Pedro era pescador y Pablo fabricaba tiendas.

Hijos huérfanos, hogares rotos, madres solteras: sus voces claman pidiendo que alguien haga algo y los ayude. Las iglesias necesitan hombres piadosos que prediquen con firmeza. La iglesia puede ofrecer algo más que los clubes comunitarios: el poder transformador del evangelio. Tenemos que aprovechar las oportunidades, aunque signifique adaptar nuestros horarios.

Me viene a la mente un amigo que pastorea una iglesia grande. Junto con su esposa, acaban de recibir a un hombre de 24 años sin hogar, y están ayudándolo a terminar la secundaria. Me envió una nota para comentarme que le mostró *Venciendo a los gigantes* para alentarlo en su travesía.

Vemos este principio en la vida de uno de los personajes de *Valientes*, Shane Fuller. Como oficial de policía, parecía un creyente comprometido, un buen padre y un compañero de trabajo respetable. Sin embargo, luego se revela que había estado escondiendo su verdadera identidad. Había más detrás de las apariencias. Sus malas decisiones casi le cuestan la familia, pero un compañero de trabajo, Adam, llega para ayudarlo a ganarse nuevamente el corazón de su hijo. Adam se transforma en un mentor para el muchacho, mientras este lucha con las consecuencias de las malas decisiones de su padre.

Ruego a Dios que levante mentores y discipuladores. Un mentor es un referente, un consejero de confianza o un líder. Hay un modelo bíblico para esto: Moisés fue el mentor de Josué, Bernabé le dedicó su vida a Juan Marcos, y Pablo cuidó a Timoteo como a su propio hijo. Por supuesto, Jesús llamó a sus discípulos y les enseñó. Se dedicó a ellos, sabiendo que un día los dejaría.

A Pablo le preocupaba el futuro del evangelio. Le pasaba la antorcha al joven Timoteo quien, a veces, era temeroso y tímido. Me fascina que Pablo, habiendo podido elegir entre muchos hombres talentosos, haya escogido a Timoteo. Seleccionó a un joven de unos 30 años que no gozaba de buena salud. El apóstol le recordó que avivara el don de Dios en él y que no se dejara intimidar por el mundo.

Pablo derramó su vida en Timoteo. El viejo apóstol sabía que el fuego de los primeros momentos de la iglesia se extinguiría si la próxima generación no tomaba en serio lo que se les había confiado. Pablo llamó a Timoteo a sobresalir entre la multitud (ver 2 Tim. 1:5-8; 2:1-7, 15; 3:1; 4:1-5).

Sabía que llegaría el día en que la gente no toleraría la sana doctrina. No dijo que no la disfrutarían ni la apreciarían, sino que no la soportarían ni la sufrirían. Quería formar una generación que pudiera alimentarse de la Palabra. No quería que el cuerpo de Cristo intentara vivir a algodón de azúcar.

Me encanta la comida chatarra. Es más sabrosa que la comida saludable. ¿Quién quiere brócoli si puede comer un chocolate? Pero si vives a comida chatarra, esa será la causa de tu muerte. Ron Dunn dijo: «La historia nos enseña que cada generación nos aleja un paso más del origen del fuego».

Pablo se acercaba al final de su vida. Quería asegurarse de dejar el evangelio en buenas manos. El apóstol mencionó tres hombres en su carta a Timoteo. Representan a hombres que conoces, o incluso quizás a ti mismo (2 Tim. 4:9ss).

Primero, Pablo mencionó a Demas. En algún momento, había formado parte del equipo. Piensa en la clase de hombre que tenías que ser para estar junto a Pablo. Sin embargo, todo había cambiado.

«Porque Demas me ha desamparado, amando este mundo, y se ha ido a Tesalónica» (v. 10). Demas tenía el mismo potencial que Timoteo; quizás por eso lo mencionó Pablo. No quería ver que el tímido Timoteo siguiera el mismo camino. Vaya contraste: Pablo estaba en la cárcel, enfrentándose a la muerte, y Demas se mudó a la gran ciudad a vivir la gran vida. No quiso pagar el precio. Tenía la actitud de «yo, primero» (Lucas 9).

Después, mencionó a Marcos. Había acompañado a Pablo en su primer viaje misionero, pero tuvo un ataque de nostalgia y abandonó antes de completar la obra. En el segundo viaje, Pablo y Bernabé se separaron por discutir si llevarían o no a Juan Marcos. Ahora, años después, Pablo le escribió a Timoteo: «Toma a Marcos y tráele contigo, porque me es útil para el ministerio» (2 Tim. 4:11). Al parecer, Bernabé transformó a Juan Marcos en ministro. La palabra *ministerio* o *servicio* es la misma que se usa para la tarea encomendada a Juan Marcos en su primer viaje misionero. El fracaso no tiene por qué ser irrevocable. Dios redimió los fracasos de Juan Marcos.

Dios me ha permitido ser un «padre» para muchos «hijos» en el ministerio. Mi amor por ellos es más profundo de lo que puedo expresar. Los he guiado al ministerio e intenté inculcarles el temor de Dios. Intento dedicarme a esos jóvenes. Aunque todos estamos ocupados, muchos de ellos me llaman, me envían mensajes de texto o correos electrónicos para pedirme consejo sobre cómo manejar ciertas situaciones.

Uno de ellos es Garrett Grubbs, nuestro líder de jóvenes en Sherwood. Este es su testimonio:

Michael se transformó en mi pastor cuando yo tenía once años. Veinte años más tarde, sirvo junto a él como ministro estudiante en Sherwood. Bajo el ministerio de Michael fui salvo, me bauticé, me casé y acepté mi llamado al liderazgo. Ha caminado con mi esposa y conmigo en las cimas y los valles de mi vida. Lo consideramos nuestro padre espiritual. Nos acompañó durante la pérdida de dos hijos y dos intentos frustrados de adopción, y celebró con nosotros la adopción de nuestro hijo este año.

Michael me enseñó que el éxito en el ministerio no es la aprobación humana, sino la obediencia a Cristo. Nos enseñó a espigar sabiduría de los hombres que han sabido vivir en fe. Nos envía libros y mensajes que formaron su vida para ayudarnos. ¡Es incalculable lo que ha invertido en mí!

Durante mi infancia, una de las tareas de mi padre era colocar madera en el fuego por la mañana. Atizaba el carbón, lo soplaba y añadía algunas astillas antes de colocar la leña. Pablo instó a Timoteo a hacer lo mismo. Lo llamó a que avivara «el fuego del don de Dios» (2 Tim. 1:6). Dios no hará lo que tenemos que hacer nosotros. Hay una diferencia entre la obra divina y la responsabilidad humana.

Timoteo tenía que avivar el fuego de Dios, no el propio. Estas exhortaciones de Pablo eran la consecuencia natural de un solo mandamiento: ¡aviva el fuego! Quizás, Timoteo corría peligro de estancarse. No progresaba como Pablo esperaba.

Nos falta gente apasionada. Dios no malgasta palabras. Nunca le dice a alguien que está despierto: «¡Despierta!». No le dice «¡Párate!» al que ya está parado, ni «¡Acuéstate!» a uno que está acostado. Tampoco le dice «¡Aviva el fuego!» a una persona enfervorizada. Pablo llamaba a un compromiso con una mentalidad «sin límites». El diablo intenta convencernos de que es necesario moderar la entrega desmedida a Cristo de la iglesia primitiva. Pablo le recordó a Timoteo que necesitaba un corazón encendido.

Muchos hemos abandonado a Dios por cuestiones menos importantes que lo que Timoteo enfrentaba. Afrontaba cada vez más persecución, la posibilidad de ser encarcelado y ataques constantes de los judaizantes y los gnósticos. Nuestro fuego se apaga con demasiada facilidad. Permitimos que el temor al hombre lo extinga. Nos preocupa qué pensarán los demás o qué dirán de nosotros a nuestras espaldas. Nos preocupa el éxito y la seguridad laboral y seguimos el camino de las concesiones.

Hoy en día, hay muchos fuegos extraños. El evangelio de la prosperidad extingue el fuego verdadero y solo funciona si vives en una sociedad materialista y egocéntrica. También está el fuego extraño de un evangelio aguado y una iglesia transigente. Otro fuego extraño es el de la «espiritualidad». Vemos que Oprah y otras celebridades adoptan esta postura; la mayoría ni siquiera entiende que se trata de una mezcla de distintas religiones que no llevan a ninguna parte. Es la fe de un mundo posmoderno y relativista. El hombre valiente anhela el fuego de Dios en su ser.

Timoteo no necesitaba una dosis de adrenalina o entusiasmo, ni una charla para levantarle el ánimo: necesitaba la unción del Espíritu Santo. Como la mayoría de nosotros, los sentimientos de Timoteo comenzaron a menguar con el tiempo. La vida puede desgastarte o infundirte temor. Timoteo se enfrentaba a la oposición dentro y fuera de la iglesia. Quizás, se sentía agotado. Pablo lo alentó: «Aviva el fuego». Literalmente, mantén viva la llama, atiza las brasas y no dejes que se apague el fuego.

J. Wilbur Chapman dijo: «Cualquier cosa que disminuya mi visión por Cristo, que me quite el gusto por el estudio bíblico, que limite mi vida de oración o dificulte la obra cristiana me hace mal y, como cristiano, debo alejarme de ello».

Hace poco, estuve en una conferencia grande de jóvenes y lo que vi me rompió el corazón. Los jóvenes iban entrando con la cabeza gacha, muchos de ellos escuchando sus iPods. Parecía que se dirigían a un funeral en lugar de a una conferencia con una banda musical y un excelente orador. Debemos llamarlos a ofrecerse. La época exige que llamemos a los estudiantes a un nuevo nivel de compromiso.

Gracias a películas como *Gladiator* [Gladiador], conocemos la brutalidad del circo romano. Un monje valiente llamado Telémaco vivió en esa época. Fue a Roma y siguió a la multitud al Coliseo para ver qué podía hacer él, una sola persona, para detener los juegos. Cuando los primeros dos gladiadores salieron y desenfundaron su espada, él saltó a la arena, se puso entre los luchadores y grito: «¡En nombre de nuestro Maestro, dejen de luchar!». Los gladiadores vacilaron, pero la multitud furiosa y sedienta de sangre se abalanzó sobre la arena y mató al monje a golpes. Al ver el cuerpo muerto, la multitud se retiró en medio del silencio que envolvió el inmenso Coliseo. El emperador decretó el final de los juegos. ¿Por qué? Porque un hombre tuvo el valor de decir: «¡Basta!».

Es hora de animarnos y saltar a la arena. Es hora de exigir un llamado superior a los simples juegos. El enemigo nos supera ampliamente en número. Cuando James Calvert fue a trabajar como misionero entre los caníbales de las islas Fiji, el capitán del barco dijo: «Perderás la vida y las vidas de los que te acompañan si te aventuras entre semejantes salvajes». Calvert respondió: «Ya morimos antes de venir».

No tenemos tiempo para medias tintas. La mediocridad es subir hasta la mitad de la montaña y detenerse. Tiene partes iguales de grandeza y fracaso. Representa una vida que ha perdido el celo, la pasión y el fuego. Organizamos una conferencia de ReFRESH® dos veces al año. Es un llamado a un despertar espiritual. Cada vez vienen más pastores jóvenes. Tenemos una asistencia juvenil cada vez mayor. ¿Por qué? Quieren entregarse a algo superior.

Tenemos que invitar a la gente a acercarse al fuego. Las brasas han estado frías tanto tiempo que atizarlas y reavivar el fuego lleva su tiempo. Es necesario el altar del arrepentimiento para quemar las impurezas que destruyen la imagen de Cristo en nosotros.

Pedro nos llama a tener un «limpio entendimiento», una mente pura. Platón usó la misma expresión para referirse a un razonamiento puro. En griego, significa literalmente «juzgado por la luz del sol», como cuando se colocaba una pieza de alfarería al sol para detectar fallas o grietas. Cuando se avive el fuego de Dios en nosotros, permitiremos que la luz del Hijo nos examine.

¿Qué sucederá si no llamamos a esta generación a avivar el fuego y entregarse por completo al Salvador? El fuego se extinguirá. La iglesia será irrelevante. Las bendiciones serán quitadas. Nuestras familias serán presa del mundo, la carne y el diablo.

Mi oración es que Dios nos dé una nueva generación de hombres como los que influyeron en mi vida. Hombres que jamás se apartaron de la Palabra. Hombres que con valor llamaron a la iglesia al arrepentimiento y la santidad.

La Escritura nos proporciona numerosas amonestaciones para aplicar a nuestras vidas. Despierta (ver 1 Tes. 5:1-11); limpia (ver 1 Jn. 2:28-3:3); crece (ver Rom. 13:14); aviva (ver 2 Tim. 1:6). Si el diablo no puede evitar que seamos salvos, se conformará con el segundo premio: hará que nosotros nos conformemos con la mediocridad. Logrará que vivamos en abandono y aceptemos la derrota.

¿Qué podría suceder si tomáramos en serio el mandamiento de avivar «el fuego del don de Dios» y dedicarnos a preparar un Timoteo? La iglesia crecería por multiplicación en lugar de adición. En unos años, tendríamos un impacto mundial.

Déjame presentarte una situación hipotética. Supongamos que pudiera predicarle a 100.000 personas todos los días, los 365 días del año, y que 4000 se convirtieran a Cristo todos los días. Al finalizar el año, habría 1.460.000 creyentes nuevos. En solo 16 años, serían 23.360.000. Sería impresionante, ¿no?

Ahora, supongamos que uso el principio de la multiplicación. Encuentro un joven Timoteo, lo llevo a Cristo y me dedico a él durante seis meses. Luego, encuentro otro joven, y Timoteo también encuentra otro muchacho para comenzar a discipular. Cada seis meses, llevamos a alguien más a Cristo y lo discipulamos. Al finalizar el año tendríamos 4, y a los 2 años, 16. A los 16 años, ¡tendríamos 4000 millones de seguidores de Jesucristo!

¿Cómo es posible? Tomamos en serio el llamado a dedicarnos a los demás. No permitimos que se apague el fuego en nuestra vida ni la de ellos. Los llevamos a un punto en que puedan conducir a otros y el proceso continúa.

Así que reaviva tu fervor. Encuentra a tu Timoteo. ¿Quién responderá primero a este llamado?

Capítulo 10

La valentía ante la persecución

*«Y apedreaban a Esteban, mientras él invocaba y decía:
Señor Jesús, recibe mi espíritu. Y puesto de rodillas, clamó
a gran voz: Señor, no les tomes en cuenta este pecado.
Y habiendo dicho esto, durmió». (Hechos 7:59-60)*

«Acepto que debo aprender a hacer lo que me resulta difícil».

—Adam Mitchell, *Valientes*

¿Sabes quién fue Richard Wurmbrand (1909–2001)? Fue un judío que se convirtió al cristianismo en 1938, luego de estudiar el marxismo en Moscú. En 1944, cuando los comunistas comenzaron a establecerse en Rumania, Wurmbrand comenzó un ministerio que se volvió clandestino. Lo arrestaron el 29 de febrero de 1948, mientras se dirigía a la iglesia. Durante las dos décadas siguientes, estuvo en numerosos establecimientos penales donde lo torturaron, pasó tres años incomunicado y tuvo que realizar trabajos forzosos. Luego de ocho años y medio en prisión, a Wurmbrand lo liberaron en 1956 y de inmediato, volvió a trabajar en la iglesia clandestina. Poco después, lo arrestaron y lo sentenciaron a 25 años de prisión, así que volvió a soportar golpizas y torturas terribles.

Por fin, se negoció su liberación y Wurmbrand abandonó el país. En 1966, apareció ante un comité del Senado y se quitó la camisa frente a las cámaras de televisión para revelar las cicatrices de las torturas. Al año siguiente, formó lo que se transformaría en *The Voice of the Martyrs* [La voz de los mártires], «una organización cristiana interdenominacional dedicada a ayudar a la iglesia perseguida en todo el mundo».

Algunos han dicho que la iglesia perseguida es la iglesia que crece. Parece ser cierto. Mientras que la iglesia se propaga como pólvora en los países del Tercer Mundo, declina en Estados Unidos y Europa. Benjamin E. Fernando dijo: «Aplastar a la iglesia es como romper un átomo: se libera una enorme cantidad de energía divina de alta calidad y produce efectos milagrosos».

Billy Graham dijo: «No es natural que el cristianismo sea popular».[1] Tal vez por eso la iglesia estadounidense se ha vuelto tan insípida y apática. No podemos ni debemos esperar un mejor trato que nuestro Señor (ver Mat. 10:17-20; Jn. 15:18-19).

Es imposible leer Hechos sin enfrentarse cara a cara con la realidad de la persecución. En lugar de hacer que la iglesia primitiva se desmoronara, fue la chispa que la encendió. Uno pensaría que tiene el resultado opuesto. Lo más lógico sería que la iglesia creciera en épocas de prosperidad sustancial, pero no es así. La persecución separa el trigo de la cizaña, a los convertidos de los impostores.

Mis amigos Peter y Jetta Vidu sirven en la segunda iglesia bautista de Oradea en Rumania. Conocí a Peter unos años luego del colapso de la Unión Soviética; él y su esposa son dos de las personas más piadosas y humildes que conozco. Dios los ha usado grandemente para construir una iglesia fenomenal en Oradea, junto con una escuela, un seminario y un testimonio vigoroso para la nación.

Bajo el comunismo, vivieron con persecución y amenazas. Desde la caída de este sistema, hay una nueva persecución que incluye a la iglesia ortodoxa. En una entrevista en 1993, Peter dijo: «Siempre se ha perseguido a los verdaderos cristianos. Y solo hay dos clases de persecución: La persecución pagana y la religiosa. Sufrimos la persecución pagana bajo el comunismo, y ahora nos amenaza la persecución religiosa».

La persecución es una realidad para los creyentes en todo el mundo. Los cristianos se están transformando en el blanco de los gobiernos y de otras religiones. El blog de La voz de los mártires observa:

La persecución que enfrentan los cristianos es la mayor violación de los «derechos humanos» en la actualidad. Sin embargo, es imposible saber con absoluta certeza la cantidad de cristianos que mueren cada año por su fe.

Según la Alianza Evangélica Mundial, a más de 200 millones de cristianos en al menos 60 países se les niegan derechos humanos fundamentales debido a su fe. David B. Barrett, Todd M. Johnson, y Peter F. Crossing, en su informe de 2009 publicado en el *International Bulletin of Missionary Research* [Boletín internacional de investigación misionera]

(Vol. 33, No. 1: 32) estiman que aproximadamente 176.000 cristianos habrán sido martirizados entre mediados de 2008 y mediados de 2009, en comparación con los 160.000 mártires a mediados de 2000 y los 34.400 a principios del siglo xx. Si las tendencias actuales continúan, Barrett, Johnson y Crossing estiman que para 2025, se martirizará un promedio de 210.000 cristianos por año (http://persecutedchurch. blogspot.com).

Aunque nos resulta difícil imaginarlo, este patrón se asemeja a los utilizados por los alemanes contra los judíos en la década del 30 y el 40. Es una estrategia de aislamiento paulatino y discriminación. No hace falta ir muy lejos para ver que en nuestra zona, hay personas que intentan marginar a la iglesia y los creyentes. Una vez que se implanta el racismo o el prejuicio en contra de un pueblo (ya sea por su raza, doctrina o religión), es posible impulsar el establecimiento de leyes discriminatorias de estos grupos y, por último, justificar su persecución. Al principio fue sencillo: quitemos la oración, la Biblia y los Diez Mandamientos de las instituciones públicas de Estados Unidos. Impidamos que las ciudades y las comunidades muestren símbolos religiosos en la propiedad pública. Una vez establecido el patrón, las generaciones venideras no sabrán nada de su tradición religiosa.

Hace algunos años, a una mujer de Houston, Texas, le prohibieron repartir panfletos evangélicos a los niños que golpeaban a su puerta en Halloween. En otro estado, una organización les entrega material a los niños en edad escolar titulado: «Podemos ser buenos sin Dios». Me convencí más de todo esto al leer poco atrás el libro de S. E. Cupp, *Losing Our Religion* [La pérdida de nuestra religión]. Aunque es ateo, Cupp reconoce los ataques de los medios liberales al cristianismo y escribe sobre sus efectos a largo plazo para Estados Unidos.

Quizás nunca tengamos que enfrentar persecución severa, pero sin importar cuál sea el nivel de oposición, somos llamados a ser fieles y valientes. Si lo que más deseamos es agradar a Dios y darle la gloria, le haremos frente a la persecución creciente. A la luz de esta información, en una escala del uno al diez, ¿cómo calificarías tu afán por extender la gloria de Dios? ¿Te avergüenza identificarte como creyente de Cristo?

Al leer Hechos, conocemos a Esteban. Fue uno de los primeros diáconos y el primer mártir de la iglesia en Jerusalén. Fue un hombre que supo cómo vivir y que estaba preparado para morir (ver Hech. 6:5, 8; 7:55).

Esteban, junto con los discípulos, fue un vocero fundamental cuando comenzó la persecución de la iglesia. Está entre los grandes hombres de la Biblia, ya que ayudó a establecer la impronta de la iglesia primitiva. No es exageración afirmar que su martirio fue un «momento cardinal e histórico para el propósito eterno de Dios [...] La primera parte de Hechos conduce allí y surge a raíz del mismo».[2]

Vance Havner dijo: «No hay dos evangelios, uno para los misioneros y los mártires, y otro para los que invocan el nombre de Cristo pero dejan que Él lleve la cruz solo, mientras ellos andan por allí despreocupados». Poco después del derramamiento del Espíritu, comenzó a crecer el resentimiento y la persecución de los líderes religiosos hacia la iglesia. Veían a Cristo como una amenaza para su manera de vivir. Al intensificarse la oposición, Esteban defendió la fe.

Esta defensa produjo tal enojo y oposición que los líderes religiosos se enfurecieron con él. Esteban soportó la persecución y murió apedreado, transformándose en el primer mártir. La palabra *mártir* significa testigo, alguien que da testimonio. Con la muerte de Esteban, el término adquirió un nuevo significado: alguien que muere por su fe.

Esteban no se graduó en ningún seminario. Ni siquiera era un creyente maduro y, probablemente, se había convertido menos de cinco años atrás. Sin embargo, se entregó por completo a Cristo y demostró una madurez y un valor que rara vez vemos en la iglesia de hoy. Esteban estaba lleno de Dios. El Espíritu Santo lo capacitó para tener una vida maravillosa, incluso frente a la humillación y la muerte. Amaba a Dios, y a Él le agradó colocarlo en una posición donde Su gloria pudiera brillar.

Sería difícil examinar la corta vida de Esteban sin llegar a la conclusión de que fue un hombre hecho y derecho. Cuando lo llevaron ante los líderes religiosos, no tembló ni se amedrentó.

Aunque veían a Esteban como un problema, él vio a estos hombres como una oportunidad para predicar a Cristo. Esto los enloqueció (ver Hech. 6:9-14).

¿Qué convertía a Esteban en un hombre valiente? Estaba lleno del Espíritu. «Buscad, pues, hermanos, de entre vosotros a siete varones de buen testimonio, llenos del Espíritu Santo y de sabiduría» (Hech. 6:3). Si queremos tener líderes valientes en la iglesia, no podemos subestimar la importancia de esas tres características. No solo para los diáconos, sino para cualquiera que tome en serio la obra de Dios.

El Señor desea que caminemos en la plenitud del Espíritu. Somos llamados a ser «llenos del Espíritu» (Ef. 5:18). Es imposible ser valientes en la fe si no estamos llenos del Espíritu. La vida de Esteban desbordaba del Espíritu. La diferencia entre la iglesia del primer siglo y la del siglo xx es que los primeros cristianos confiaban en el poder, y nosotros estamos pendientes de los problemas. No eran perfectos, pero tenían un estándar que muchas veces comprometemos debido al temor.

Además, Esteban estaba lleno de sabiduría, fe y poder, lo cual le permitía tomar decisiones controladas por el Espíritu. Era lo suficientemente sabio como para saber que necesitaba la sabiduría de Dios. No iba delante del Señor ni actuaba por su cuenta (1 Cor. 6:19-20). Iba directo al grano y veía los problemas reales detrás de las fachadas. Es más, Lucas escribió que los que lo perseguían «no podían resistir a la sabiduría y al Espíritu con que [Esteban] hablaba» (Hech. 6:10).

Hechos 7 registra su predicación y su respuesta a los líderes religiosos. Es el sermón más largo de este libro, pero Esteban no perdió tiempo defendiéndose de acusaciones falsas. Tenía un solo propósito y estaba concentrado en la historia del plan divino de redención. ¿Qué importancia tiene esto? Revela a un hombre con una mente saturada de la Palabra de Dios. Conocía la Escritura. Conocía al pueblo, la historia y el propósito de todo. El Espíritu Santo tomó lo que este hombre sabía y le dio poder para comunicarlo con claridad, brevedad y sin disculpas.

Hoy, la gente no conoce la Biblia. Poco sabemos de las hermosas promesas y los mandamientos inalterables de la Palabra de Dios. A. W. Pink dijo: «Ningún pasaje de la Escritura cumple su propósito en los perezosos».[3] No se puede defender lo que no se sabe. El gran R. A. Torrey escribió: «El 99% de los cristianos juegan a estudiar la Biblia; por ende, 99 de cada 100 cristianos son enclenques, cuando deberían ser gigantes».[4] Si solo sabes un poco aquí y allá, llegarás a conclusiones equivocadas.

Esteban conocía las Escrituras. No solo las tenía en la cabeza; las guardaba en el corazón. Estudiaba las historias de la fidelidad de Dios. Por desgracia, algunos saben lo suficiente como para ser un peligro. Mi consejo: asiste a una iglesia donde la predicación esté a cargo de un hombre de Dios que conozca bien Su Palabra.

Necesitamos creyentes que sepan lo que creen y por qué lo creen. Necesitamos seguidores de Cristo que no vacilen ni vayan detrás de doctrinas extrañas. Si no sabes qué creer, nunca podrás decidir dónde debes estar. De algo puedes estar seguro: el Espíritu Santo nunca te llevará a hacer algo incoherente con la vida de Cristo o con la Palabra revelada de Dios.

Esteban estaba lleno de fe. Esto le dio la valentía para enfrentar la oposición y creer en Dios para hallar la fuerza para resistir. Al leer Hebreos 11, el gran capítulo sobre la fe, descubrimos que los creyentes de fe siempre *hicieron* algo. La fe es activa. Confía en que Dios cumplirá su Palabra; sigue al Señor incondicionalmente.

La fe mira a Dios; no confía en sí misma ni en las habilidades o fortalezas personales. Le toma la Palabra a Dios y obedece sin dudas ni reservas. Alguien acertó al afirmar: «La fe no tiene puerta trasera». La fe nunca entra en pánico. En cambio, nos lleva a reclamar una promesa, adoptar una postura, aceptar una tarea difícil o rendirnos para ir a una tierra lejana. Tomás estaba lleno de dudas, Esteban estaba lleno de fe.

Además, Esteban estaba lleno de gracia, y su semblante lo reflejaba. «Entonces todos los que estaban sentados en el concilio, al fijar los ojos en él, vieron su rostro como el rostro de un ángel» (Hech. 6:15). La paz de Dios estaba presente en su rostro, aun en medio de la persecución. He visto el pánico en el rostro de los creyentes en un semáforo en rojo, en medio de un embotellamiento de tráfico y aun por contratiempos menores. Estos 70 líderes judíos hicieron todo lo posible por atacar a Esteban, pero no pareció afectarlo en absoluto. Su semblante irradiaba la gracia de Jesús. Aun frente a sus acusadores, tuvo la misericordia de ofrecerles una oportunidad de acercarse a Cristo. Un escritor observó: «Esto desafió a sus enemigos y cautivó a sus amigos». Su vida rebosaba de la gracia divina.

La gracia de Dios nos asemeja a Jesús. Infundió a Esteban lo que necesitaba para ser testigo, ya sea hacia una viuda o contra quien quisiera pelear con él. La gracia divina a través de Esteban fue maravillosa y abundante. Y esa misma gracia es suficiente dondequiera que vayamos, cuando la necesitemos. Como afirmó alguien: «La voluntad de Dios nunca te llevará donde su gracia no pueda sostenerte».

Esteban fue un hombre lleno de poder, no según los ideales del mundo sino los eternos. La sed de poder impulsa este mundo. Es la motivación detrás de los dictadores, de los centros financieros y del gobierno. Pero en última instancia, los poderes de este mundo llegarán a su fin. El poder de Esteban no provenía de una posición ni de un título; surgía del Espíritu Santo. No tenía el poder de una personalidad carismática. Antes bien, la personalidad del Espíritu Santo brillaba a través de todo lo que hacía y decía. El Espíritu lo capacitó para «proclamar el evangelio, defender la fe y soportar el martirio».[5]

Vivimos en un mundo sediento y pendiente del poder, pero debemos aprender la diferencia entre el poder temporal y el poder permanente de Dios. Servimos a un Dios con poder para crear, redimir, sustentar y dominar. Necesitamos poder para vivir. Nuestras vidas tienen que revelar que tenemos poder en el Espíritu para vivir como Cristo quiere. Recuerda, la promesa de la venida del Espíritu estuvo acompañada de la promesa de su poder (ver Hech. 1:8). Para ser valiente, es necesario tener poder.

Y con gran poder los apóstoles daban testimonio de la resurrección del Señor Jesús, y abundante gracia era sobre todos ellos. (Hech. 4:33)

Porque no me avergüenzo del evangelio, porque es poder de Dios para salvación a todo aquel que cree; al judío primeramente, y también al griego. (Rom. 1:16)

Ni mi palabra ni mi predicación fue con palabras persuasivas de humana sabiduría, sino con demostración del Espíritu y de poder, para que vuestra fe no esté fundada en la sabiduría de los hombres, sino en el poder de Dios. (1 Cor. 2:4-5)

Esteban, lleno del Espíritu, tuvo poder para predicar en medio de la persecución. Tuvo poder para resistir y para soportar el sufrimiento. Pudo exaltar a Cristo y sufrir por él, e incluso orar por sus perseguidores.

¿Adónde están hoy las vidas que ejemplifican el poder de la valentía? ¿Adónde están los hombres y las mujeres con valor santo? Dios le dio a Esteban el poder para proclamar la verdad frente a una multitud hostil.

¡Duros de cerviz, e incircuncisos de corazón y de oídos! Vosotros resistís siempre al Espíritu Santo; como vuestros padres, así también vosotros. ¿A cuál de los profetas no persiguieron vuestros padres? Y mataron a los que anunciaron de antemano la venida del Justo, de quien vosotros ahora habéis sido entregadores y matadores. (Hechos 7:51-52)

Un hombre lleno de poder no solo sabe cómo actuar, sino que también sabe cómo reaccionar. No obstante, los oponentes de Esteban no reaccionaron con benevolencia.

Oyendo estas cosas, se enfurecían en sus corazones, y crujían los dientes contra él. Pero Esteban, lleno del Espíritu Santo, puestos los ojos en el cielo, vio la gloria de Dios, y a Jesús que estaba a la diestra de Dios, y dijo: He aquí, veo los cielos abiertos, y al Hijo del Hombre que está a la diestra de Dios. Entonces ellos, dando grandes voces, se taparon los oídos, y arremetieron a una contra él. Y echándole fuera de la ciudad, le apedrearon; y los testigos pusieron sus ropas a los pies de un joven que se llamaba Saulo. Y apedreaban a Esteban, mientras él invocaba y decía: Señor Jesús, recibe mi espíritu. Y puesto de rodillas, clamó a gran voz: Señor, no les tomes en cuenta este pecado. Y habiendo dicho esto, durmió. (Hech. 7:54-60)

Aun mientras lo apedreaban, Esteban pidió lo mismo que Jesús en la cruz: Recibe mi espíritu y perdónalos. Sabemos que al menos

dos personas escucharon su clamor ese día: Saulo, quien más adelante daría su vida para seguir a Cristo, y Jesús, a la diestra de Dios.
Piénsalo: la última persona a quien se dirigió Esteban en la tierra
fue Jesús, y también fue el primero que vio en el cielo. Qué manera
de dejar este mundo, ¿no?

La iglesia estadounidense no está lista para la persecución. No
tenemos madera de mártires. Somos débiles y egocéntricos, y nos
alimentamos con un cristianismo insípido y aguado. Una de mis
ilustraciones favoritas utilizadas por Ron Dunn lleva el título de
«Cómo desafiar la lluvia». Escribió el siguiente artículo para el
boletín de la iglesia bautista de MacArthur Boulevard, luego de
leer otro artículo de un pastor que agradecía a los miembros de su
iglesia por «desafiar la lluvia» para asistir a la reunión.

Quiero agradecerles a todos los que DESAFIARON LA
LLUVIA el domingo por la mañana para asistir a la iglesia.
Tal sacrificio y sufrimiento me conmueven. Me imagino
lo que debe ser despertar con el sonido aterrorizante de la
lluvia. La dedicación pende de un hilo. La voz aterciopelada
del Tentador te susurra al oído: «¡No seas tonto! ¿Para qué
arriesgar tu vida?».

De repente, enderezas los hombros y fijas la mandíbula con
determinación. «¡Atrás, Satanás! —gritas—. ¡Suéltame!».
Entonces, arriesgando tu propia vida y evadiendo traicioneros
charcos de lodo, chapoteas en medio del diluvio hasta llegar
a tu vehículo.

En una demostración de valor puro, conduces tu arca de cuatro ruedas a través de tres cuadras de calles resbalosas, mientras la lluvia golpea el parabrisas como balas plateadas. Sin duda, esto merece un lugar de honor entre las hazañas heroicas de los fieles: «Fueron apedreados, aserrados, tentados, muertos a espada, anduvieron cubiertos de pieles de oveja y de cabra, desposeídos, afligidos, torturados, y DESAFIARON LA LLUVIA».

Al llegar a la iglesia, vuelves a arriesgar la vida y con temple de acero, te arrojas del vehículo empapado y atraviesas la acera mojada para llegar al seco refugio del salón.

Desde mi ventana, observo este espectáculo y mi corazón rebosa. Escucho un aplauso lejano... un aplauso extraño... ¿alas que aplauden?

Me cuesta predicar. Siento que debo escribir una nueva edición del *Libro de los mártires*. El mundo debe haber enmudecido de admiración, al verte DESAFIAR LA LLUVIA.

¡La cruz exige más de nuestra parte! En el siglo XXI, la persecución se intensificará. Ya no podemos esperar (y quizás no lo merezcamos) un trato preferencial. En una generación que admira las celebridades, necesitamos hombres firmes como Esteban.

Estuve en la puerta donde apedrearon a Esteban hace 2000 años y me pregunté: ¿adónde están los jóvenes que se pararán a la puerta de nuestras ciudades y llamarán al pueblo a regresar a

Dios? En esta tierra de indiferencia, necesitamos valentía. Precisamos pasión en medio de la apatía. Necesitamos un Esteban, lleno «del Espíritu Santo» (Hech. 6:3). ¿Responderás tú a ese llamado? Cuando todo alrededor se caiga, ¿Dios puede confiar en que permanecerás de pie?

Epílogo

ÉL ES MI INSPIRACIÓN

E n este libro, escribí sobre varios de mis personajes bíblicos preferidos. Hay muchos otros ejemplos en las Escrituras. El que más me atrae es el de nuestro Señor Jesús. Me inspira a enfrentarme con valor al legalismo y la religión muerta. Me da poder para ser valiente. Me infunde valor en lugar de miedo. Ya venció todo lo que podría darme temor. Hebreos 12:1-3 afirma:

> Por tanto, nosotros también, teniendo en derredor nuestro tan grande nube de testigos, despojémonos de todo peso y del pecado que nos asedia, y corramos con paciencia la carrera que tenemos por delante, puestos los ojos en Jesús, el autor y consumador de la fe, el cual por el gozo puesto delante de él sufrió la cruz, menospreciando el oprobio, y se sentó a la diestra del trono de Dios. Considerad a aquel que sufrió tal contradicción de pecadores contra sí mismo, para que vuestro ánimo no se canse hasta desmayar.

Jesús no le dio la espalda al Getsemaní ni a la cruz. En todo momento, agradó a su Padre celestial. Warren Wiersbe observa: «Jesús vivió y ministró en la tierra en el poder del Espíritu (Hech.

10:37-38), y nosotros también debemos hacerlo. Por desgracia, muchos creyentes piensan que Jesús sirvió así porque era Dios y ejercía sus poderes divinos. Argumentan que como no tienen la misma naturaleza divina que Jesús, Dios no puede esperar demasiado de ellos. Sin embargo, este razonamiento está errado. Cuando vino a servir a la tierra, Jesús dependió del Espíritu Santo, de la oración y de la Palabra de Dios, y estos recursos divinos también están a nuestra disposición hoy».[1]

Muchos creyentes no satisfacen las expectativas de Dios. El temor, la cobardía, el bagaje del pasado y cientos de otras cosas nos paralizan. En lugar de caminar en victoria, cojeamos y nos arreglamos. El paisaje del Antiguo Testamento está plagado de los cuerpos de hombres de Dios ya olvidados, que murieron en el desierto por su falta de fe y valentía. La historia de la iglesia del siglo XXI quizás sea la de una multitud de asistentes que vivieron una vida insípida, monótona y se conformaron con menos de lo que Dios tenía para ellos.

Por desgracia, gran parte del pueblo de Dios no vive en valentía. Su camino está más marcado por la derrota que la victoria, por el temor en lugar de la fe, y la timidez en lugar del valor. ¿Por qué? Por el pecado de conformarse. Conformarse con el segundo premio; con lo que resulta cómodo; con menos de lo que Dios tiene para nosotros. No alcanza con hacer lo justo y necesario.

En el Antiguo Testamento, el mandamiento de ser «fuerte y valiente» aparece 26 veces. Tres veces vemos la frase «esfuérzate, y aliéntese tu corazón». Sin duda, asociamos esta idea con Josué. Este gran líder es mi héroe del Antiguo Testamento. Su nombre significa «Jehová salva». Josué era un soldado, un padre y un líder valiente que llamó a los demás a ser valientes. Su valor surgía de su fidelidad. A diferencia de muchos de sus compañeros, nunca retrocedió ante una batalla ni dejó de creer que Dios les daría la tierra.

No es momento para quedarnos quietos ni dudar; hay mucho por hacer. En la Palabra y la voluntad de Dios, encontraremos valentía. Una vida valiente supone estar dispuesto a orar: «No se haga mi voluntad, sino la tuya».

Estamos librando una batalla que requiere preparación. El creyente se prepara cuando pasa tiempo estudiando la Palabra y orando. A Josué se le dijo que meditara en la Palabra. Jesús pasó tiempo a solas en oración, lo cual me recuerda que sin la Escritura y la oración es imposible tener poder para enfrentar las batallas de la vida. Alan Redpath escribió que la persona que Dios usa tiene que «saber lo que es pagar el precio de una puerta cerrada». Jesús era un hombre de oración y estudiaba su propia Palabra. Se retiraba a orar porque conocía «el precio de una puerta cerrada». Si el Dios hecho hombre necesitaba comunicarse con Dios Padre, ¿acaso podemos hacer menos?

Jesús citó la Escritura en distintas situaciones. Les recordó a los fariseos lo que Dios había dicho, cuando intentaron torcer la Palabra para beneficio propio. Limpió el templo para que fuera una casa de oración. La Palabra es «viva y eficaz, y más cortante que

toda espada de dos filos» (Heb. 4:12), y todas las promesas de Dios
«son Sí» en Cristo (ver 2 Cor. 1:20).

Si quieres valentía, ponte de rodillas y sumérgete en la Palabra.
Las páginas de la Escritura están llenas de historias de los campeo-
nes de Dios. No se hicieron famosos por sus talentos ni sus dones,
sino porque tuvieron la valentía para resistir. Nunca se rindieron.
La valentía de los patriarcas, los profetas y los predicadores del primer siglo provenía de una relación íntima con el Dios vivo. No se
inclinaban ante nadie que no fuera Él.

Cada página y cada historia me lleva a Jesús. Es quien dejó la
huella más profunda y quien tuvo mayor influencia en la historia humana. Philip Schaff señala: «Jesús de Nazaret, sin dinero
ni armas, conquistó a más millones que Alejandro, César, Maho-
ma y Napoleón. Sin ciencia ni erudición, derramó más luz sobre
cuestiones humanas y divinas que todos los filósofos y los eruditos
combinados. Sin la elocuencia de las escuelas, habló palabras de
vida como no se pronunciaron antes ni después, con efectos que
trascienden al orador y el poeta. Sin escribir una sola línea, impulsó
más plumas y proporcionó tema para más sermones, oraciones, dis-
cursos, volúmenes académicos, obras de artes y canciones de adoración que todo un ejército de grandes hombres de la antigüedad y
la modernidad».[2]

Jesús se enfrentó a los críticos, los cínicos y los escépticos, pero
nunca vaciló. Estuvo cara a cara con el diablo en el desierto, pero
nunca se apartó de la Palabra. Afrontó la cruz y nunca miró atrás.

Nació para morir. Escogió la hora y el lugar de su venida en Belén. Escogió la hora y el lugar de su muerte en el Gólgota, sobre una cruz de muerte y dolor. Desde el principio hasta el final, el Hijo del Hombre tuvo pleno control de su vida. El hombre no le quitó la vida; Él la dio voluntariamente. Cuando colocaron su cuerpo en una tumba prestada, pareció que el diablo había ganado, que simples mortales como Herodes, Caifás y Pilato lo habían detenido. Pero tres días más tarde, Jesús salió de la tumba. Ganó la batalla. Ese poder de resurrección es nuestro hoy. El desafío es aplicarlo día a día, no solo cantar himnos en la iglesia.

Vivimos en una época difícil. Nuestros hermanos y hermanas en el mundo son perseguidos por su fe. En muchos países, hacerse cristiano es una sentencia de muerte. Este mundo no está evolucionando hacia algo mejor. Se vuelve cada vez más parecido a los días del Imperio romano, cuando se torturaba y se perseguía a los cristianos por creer que Jesús era el Hijo de Dios. No es momento para cobardes. Necesitamos un líder valiente. ¿Lo serás tú? ¿Permanecerás de pie, aunque te quedes solo? ¿Acompañarás a los hombres que examinamos en estas páginas, o serás otra vida olvidada y sepultada en el cementerio de la mediocridad?

En 168 d.C., un viejo obispo llamado Policarpo fue llevado ante una multitud furiosa para morir por su fe. Como obispo de Esmirna, fue el último eslabón con los discípulos originales, un alumno del apóstol Juan. El gobierno romano intentó obligar a Policarpo a retractarse de su fe. Él respondió: «Durante 86 años he servido al Señor Jesucristo, y nunca me defraudó. ¿Cómo puedo blasfemar a mi Rey, quien me salvó?».

En ese momento, el procónsul romano amenazó con arrojar a Policarpo a las bestias o quemarlo en la hoguera. Con valor, respondió: «Me amenazas con un fuego que se apagará luego de una hora, pero ignoras el fuego del juicio venidero de Dios, reservado para el tormento eterno de los impíos. ¿Para qué demorar? Trae las bestias, el fuego o lo que escojas; no lograrás que niegue a Cristo, mi Señor y Salvador».[3]

La oración final de Policarpo fue: «Oh, Padre, gracias por haberme llamado a este momento y haberme considerado digno de tener un lugar entre los mártires santos».[4]

La Palabra de Dios, su Hijo y el Espíritu Santo que habita en nosotros nos dan el poder para ser valientes. No tenemos nada que temer en esta vida ni en la muerte.

Notas

Introducción

1. Andrew Romano y Tony Dokopil, «Man Up! The Traditional Male Is an Endangered Species» [¡Actúa como un verdadero hombre! El hombre tradicional es una especie en vías de extinción], revista *Time* (27 de septiembre de 2010).
2. Ibíd.

Capítulo 1

1. John Blanchard, *The Complete Gathered Gold: A Treasury of Quotations for Christians* [Reservas de oro: un tesoro de citas para los cristianos] (Evangelical Press, 2006), 296.
2. Warren Wiersbe, *Life Sentences* [Frases de vida] (Grand Rapids: Zondervan, 2007), 43.
3. James Montgomery Boice, *Genesis Volume 2: A New Beginning (Genesis 12-36)* [Génesis, Volumen 2: Un nuevo comienzo] (Baker Book House), acceso vía WORDsearch.

Capítulo 2

1. John Mason, *Know Your Limits—Then Ignore Them* [Conoce tus límites; luego, ignóralos] (Tulsa: Insight Publishing Group, 1999), 125.
2. Vance Havner, *Moments of Decision* [Momentos de decisión] (Fleming H. Revell, 1979).
3. Sra. de Howard Taylor, *Borden of Yale '09* [Borden de Yale] (Philadelphia: China Inland Mission, 1926), 75.
4. Ibíd., ix.
5. Vance Havner, *Moments of Decision*.

6. Donald Whitney, *Spiritual Disciplines for the Christian Life* [Disciplinas espirituales para la vida cristiana] (NavPress, 1997), 187.

Capítulo 3

1. Lloyd John Ogilvie, *Lord of the Impossible* [Señor de lo imposible] (Nashville: Abingdon, 1984), 99.
2. C. H. Spurgeon, *Sermons on Men of the Old Testament* [Sermones sobre hombres del Antiguo Testamento] (Grand Rapids: Zondervan), 131.
3. Roy Laurin, *Meet Yourself in the Bible* [Encuéntrate en la Biblia] (Chicago: Moody Press, 1970), 79.

Capítulo 4

1. «A Person on Purpose» (Keswick, Cumbria, England: Keswick Ministries y Authentic Media, 2005), 109.
2. Gary Inrig, *Hearts of Iron Feet of Clay* [Corazones de hierro, pies de barro] (Grand Rapids: Discovery House Publishers, 2005), 90.
3. Warren Wiersbe, *Life Sentences* (Grand Rapids: Zondervan, 2007), 109.
4. Gary Inrig, *Hearts of Iron Feet of Clay*, 100.
5. Roy B. Zuck, *The Speaker's Quote Book: Over 5,000 Illustrations and Quotations for All Occasions* [El libro de citas para el orador: más de 5000 ilustraciones y citas para toda ocasión] (Kregel, 2009).
6. Ron Dunn, *The Faith Crisis* [La crisis de fe] (Tyndale House, 1984), 69-70.

Capítulo 5

1. Warren Wiersbe, *Put Your Life Together: Studies in the Book of Ruth* [Pon tu vida en orden: estudios sobre el libro de Rut] (Lincoln, NE: Back to the Bible Publications, 1985), 74.
2. *Dictionary of Biblical Imagery* [Diccionario de simbolismo bíblico] (InterVarsity Christian Fellowship, 1998), acceso vía WORDsearch.
3. Warren Wiersbe, *Put Your Life Together*.

4. Esta historia está adaptada y resumida de un artículo publicado en *Missions Mosaic,* en noviembre de 2003, por Jeanie Mclean, y de un artículo de BP por Jami Becher.

Capítulo 6

1. Thom S. Rainer y Jess Rainer, *The Millennials* [Los mileniales] (Nashville: B&H Publishing Group, 2011).
2. Alex y Brett Harris, *Do Hard Things* [Haz cosas difíciles] (Colorado Springs: Multnomah, 2008), 29-30.
3. John Blanchard, *The Complete Gathered Gold: A Treasury of Quotations for Christians* (Evangelical Press, 2006), 673.
4. Vance Harner, *On This Rock I Stand* [Parado sobre la roca] (Grand Rapids: Baker, 1981), 66.
5. *Reader's Digest,* julio de 1964.
6. *The New Rebellion Handbook* [El manual de la nueva rebelión] (Nashville: Thomas Nelson, 2006), 254-60.

Capítulo 7

1. Vance Havner, *Moments of Decision* (Grand Rapids: Fleming H. Revell, 1979).
2. C. H. Spurgeon, *Metropolitan Tabernacle Pulpit: 0800-0899,* «0856—The Importunate Widow» [La viuda insistente], acceso vía WORDSearch.
3. Vance Havner, *Moments of Decision,* 68-69.

Capítulo 8

1. «Citizenship in a Republic» [La ciudadanía en una República], discurso en La Sorbona, París, 23 de abril de 1910.
2. Cyril Barber, *Nehemiah and the Dynamics of Effective Leadership* [Nehemías y la dinámica del liderazgo eficaz] (Neptune, NJ: Loizeaux Brothers, 1991), 65.
3. Charles Swindoll, *Hand Me Another Brick* [Pásame otro ladrillo] (Nashville: Thomas Nelson, 1998), 67.

4. Roy Laurin, *Meet Yourself in the Bible* (Chicago: Kampen Press, 1946), 120.

5. Ibíd.

Capítulo 10

1. John Blanchard, *The Complete Gathered Gold: A Treasury of Quotations for Christians* (Evangelical Press, 2006), 76.

2. J. Oswald Sanders, *People Just Like Us* [Personas como nosotros] (Chicago: Moody Press, 1978), 177-78.

3. John Blanchard, *The Complete Gathered Gold: A Treasury of Quotations for Christians*, 61.

4. Ibíd, 63.

5. J. Oswald Sanders, *People Just Like Us*, 181.

Epílogo

1. Warren Wiersbe, *Life Sentences* (Grand Rapids: Zondervan, 2007), 221.

2. Philip Schaff, *The Person of Christ* [La persona de Cristo] (Nueva York: American Tract Society, 1913), 33.

3. Cita de *Jesus Freaks* [Locos por Jesús], (Bethany House Publishers, 1999), 136.

4. Ibíd.